C.H.BECK WISSEN

in der Beck'schen Reihe

Die Geschichte Irlands war von ihren Anfängen an nicht nur mit der englischen Geschichte, sondern auch mit dem übrigen Europa und später mit der außereuropäischen Welt eng verflochten. Invasionen verschiedener Völker, Englands Kampf um die Herrschaft in Irland und große Auswanderungswellen prägten die Insel in besonderem Maße. Benedikt Stuchtey gibt in diesem Buch einen kompakten Überblick über die Geschichte Irlands, die von langen und blutigen Konflikten, aber auch von einer blühenden Kultur gekennzeichnet ist und in der jüngsten Zeit den Weg zu einem stabileren Frieden eingeschlagen hat.

Benedikt Stuchtey ist Stellvertretender Direktor des Deutschen Historischen Instituts in London und lehrt Neuere und Neueste Geschichte an der Universität Konstanz.

Benedikt Stuchtey

GESCHICHTE IRLANDS

Verlag C.H.Beck

Für meinen Vater

Mit einer Karte
(gefertigt von Peter Palm)

Originalausgabe

Wilhelmstraße 9, 80801 München, info@beck.de

www.chbeck.de
Umschlagentwurf: Uwe Göbel, München
Umschlagabbildung: Irisches Hochkreuz, © wira91 – Fotolia
Satz: Fotosatz Amann, Memmingen
Druck und Bindung: Druckerei C.H.Beck, Nördlingen
Printed in Germany
ISBN 978 3 406 64054 4

verantwortungsbewusst produziert
www.chbeck.de/nachhaltig
produktsicherheit.beck.de

Inhalt

Einleitung

Geographisch liegt Irland in der Mitte des europäisch-atlantischen Kulturraums. Wie die Geschichte jeder anderen europäischen Nation ist auch diejenige Irlands von der Geschichte seiner Nachbarn geprägt. Sie nur auf die Auseinandersetzung mit England zu reduzieren, wäre aber eine Verkürzung. Von Irischer See und Atlantischem Ozean umgeben, hat die Insel gleichermaßen an europäischen wie an globalen historischen Prozessen teilgehabt und diese mitgestaltet. So waren Iren zuweilen in der Fremde erfolgreicher als zu Hause. Der Erfolg stellte sich manchmal erst nach Generationen ein, wie z. B. bei der Familie Kennedy, bei der irische Herkunft und amerikanische Identität miteinander verschmolzen. Blieb er aus und bildeten die Iren im Gastland lediglich eine untergeordnete Randgruppe wie viele andere Einwanderer, so spricht man von der für die irische Geschichte so charakteristischen Diaspora. Insgesamt ist die Emigration eines der dominanten Themen der irischen Geschichte.

Ein anderes ist Fremdherrschaft. Der anglo-irische Historiker W. E. H. Lecky meinte einmal, die Geschichte seines Landes sei die der Eroberung durch Wikinger, Normannen und Engländer. Die Römer hingegen hätten darauf verzichtet, auch hier die kontinentale Zivilisation einzuführen. Die Zweiteilung der Insel in eine östliche, in Klima und Bodenbeschaffenheit begünstigte, den Briten nähere Hälfte und eine westliche mit atlantischem Klima und kärglichem Boden ist eine für die irische Geschichte wichtige Konstante. Was in einigen europäischen Ländern das Nord-Süd-Gefälle ist, war in Irland zunächst ein Ost-West-Gegensatz.

Als Friedrich Engels im Zuge seiner Studien über die britische Arbeiterschaft im Herbst 1869 auch Irland besuchte, prägte er den Begriff des englischen Kolonialismus in Irland. Die Teilung der Insel, ob in Nord und Süd oder in Ost und West, ist eine

Folge der schwierigen Beziehung zwischen dem irischen Paddy (Patrick) und dem englischen Mr. Punch: Der eine versuchte stets, sich von der Herrschaft des anderen zu emanzipieren oder sich mit ihr zu arrangieren. Die Engländer waren bestrebt, die Insel zu beherrschen, weil es ansonsten andere getan hätten. Wenn Spanier Ende des 16. Jahrhunderts, Franzosen zur Zeit Napoleons und Deutsche im 20. Jahrhundert Kontrolle über Irland zu gewinnen versuchten, dann war das in erster Linie in der Idee begründet, England auf diese Weise militärisch in die Zange zu nehmen. Wie so manches Juwel seines Empires – Indien, Palästina, Zypern –, so behandelte England auch seine älteste Kolonie: Es teilte sie.

Das heutige Nordirland hat eine Fläche von 5452 Quadratmeilen (17% der Insel), die Republik Irland erstreckt sich auf etwa 27 136 Quadratmeilen (83%). Die gemeinsame Grenze von ungefähr 250 Meilen Länge wurde mit dem Government of Ireland Act von 1922 festgelegt. An die Gründung des Irish Free State, aus dem 1937 de facto, 1949 dann de jure die Republic of Ireland wurde, war die Hoffnung geknüpft, dass die jahrhundertelange irische Geschichte von Gewalt und Gegengewalt zu einem Ende kommen würde. Wie vergebens diese Hoffnung war, ist bekannt.

Doch die politische Geographie Irlands ist älter als die Geschichte der letzten 90 Jahre. Sie lässt sich bis ins 7. Jahrhundert zurückverfolgen, die noch heute gültige Einteilung in vier Provinzen geht auf vier große Königreiche des 12. Jahrhunderts zurück. Zuvor schon hatten die Normannen im 11. Jahrhundert die Kleineinteilung des Landes, die die Angelsachsen mit der Einführung von Grafschaften begonnen hatten, in Baronien verfeinert und wie auch in der Normandie und in Sizilien einen straff zentralisierten Lehnsstaat eingerichtet. Was zunächst der Eintreibung von Steuern und der militärischen Rechtsprechung gedient hatte, erwies sich im Laufe der Jahrhunderte als wichtige Grundlage für die Erschließung der Insel. Die nördliche Provinz Ulster (26,3%) umfasst bis heute die Grafschaften Antrim, Armagh, Down, Fermanagh, Londonderry und Tyrone, die zu Nordirland, d. h. zum Vereinigten Königreich, gehören; Cavan, Donegal und Monaghan sind Teil der Republik. Zur östlichen Provinz Leinster (23,4%) zählen die Grafschaften Carlow, Dublin, Kildare, Kilkenny, Laois, Longford, Louth, Meath, Offaly, Westmeath, Wexford und Wicklow. Munster (29,3%) im Süden besteht aus den sechs Grafschaften Clare, Cork, Kerry, Limerick, Tipperary und Waterford. Das westliche Connacht (21%) ist Irlands kleinste und historisch ärmste Provinz mit den fünf Grafschaften Galway, Leitrim, Mayo, Roscommon und Sligo.

Will man sich der irischen Geschichte von den Anfängen bis in die Gegenwart nähern, so bieten sich verschiedene thematische Zugriffe an. Historikerinnen und Historiker Irlands haben neben den bereits genannten Spannungsfeldern Emigration und Fremdherrschaft stets auch auf andere verwiesen, wie etwa Religion, die keltische Kultur, die Landfrage, Arbeitslosigkeit, Armut und Gewalt. Teils sind sie spezifische Signaturen einer bestimmten Zeit, teils epochenübergreifend wirksam. Die religiöse Frage und die Konflikte zwischen Katholiken und Protestanten haben seit der Reformation eine entscheidende politische Wirkung entfaltet. Darin unterscheidet sich Irland nicht grundlegend von der europäischen Entwicklung. Was aber als genuin irisch gelten kann, ist die soziale Sprengkraft des Religiösen, wie man sie in dieser Form sonst wohl nur in Polen findet. Kontinentale Besucher Irlands im 18. und 19. Jahrhundert haben hervorgehoben, wie die von ihnen beobachteten wirtschaftlichen und gesellschaftlichen Probleme konfessionell verortet werden konnten. Hier verbietet sich eine allzu versöhnliche Interpretation der Vergangenheit von selbst.

Der französische politische Denker Alexis de Tocqueville schilderte in seinen Reisebeschreibungen vom Sommer 1835 drei Grundzüge Irlands: die außergewöhnliche Armut, den unnachgiebigen Hass auf die landbesitzende Aristokratie und die feste Bindung an die Kirche der Vorfahren. Auch in der irischen Literatur bis hin zu William Butler Yeats und James Joyce sind diese Themen immer wieder angeklungen. In der Geschichtsschreibung wird zunehmend Wert darauf gelegt, sie nicht nur als Gelenkstellen der Nationalgeschichte zu begreifen, sondern sie in die europäische wie in die Globalgeschichte zu integrieren. Armut, Hungersnot und Emigration in die Neue Welt gehören unmittelbar zusammen, ebenso wie der protestantische Landadel und das missionarische wie militärische Engagement Irlands im Britischen Empire.

Gleichwohl macht man es sich zu leicht, wenn man nur die üblichen Generalisierungen gegeneinanderstellt: Auf Enteignung der Mehrheit und Dominanz der kleinen Landelite seien Vergeltung, Rebellion und der katholische Nationalismus gefolgt. Oder umgekehrt: Als Antwort auf die katholische Rebellion von 1641 habe Cromwells Vernichtungsfeldzug in Irland folgen müssen. Die protestantische Führungsschicht (Ascendancy) des 18. und 19. Jahrhunderts hat (vergeblich) versucht, einen eigenen Weg zwischen den Fronten zu gehen. Diese Ambivalenz äußerte sich auch in Irlands Stellung im Britischen Weltreich. Betrachteten die republikanischen Bürgerkriegsparteien ihren Kampf in Nordirland seit 1969 als «antikolonialen Befreiungskrieg», so hatten sich besonders im 19. Jahrhundert unzählige Iren im Empire als Soldaten, Administratoren, Siedler, Lehrer und Missionare engagiert.

Die Vernetzung der irischen Geschichte mit der europäischen ging anfänglich von der Insel aus. Christliche Missionare strömten im Frühmittelalter auf den Kontinent, um ihren religiösen Enthusiasmus zu verbreiten, mit dem sie in Irland zwischen dem 5. und dem 8. Jahrhundert über 800 Klöster als Stätten der Frömmigkeit und Gelehrsamkeit gründeten. Irlands Bedeutung für die europäische Geschichte in dieser Epoche war sicherlich einmalig. Im berühmten *Book of Kells* (um 800) kulminierte die Kunst der Buchmalerei als Verherrlichung des Wortes Gottes.

Nach der sozialen und ökonomischen Katastrophe der europaweiten Pestpandemie von 1348–1352 mit rund 25 Millionen Toten setzte in Irland jedoch ein Niedergang ein, der der irischen Geschichte gleichsam ein Muster zugrunde legte: im fortwährenden Kampf um Freiheit, Unabhängigkeit, Anerkennung und Wohlstand gewöhnlich zu unterliegen. Dabei setzte der Misserfolg auch Chancen für ein exemplarisches historisches Verständnis frei. Langfristige Verlusterfahrungen konnten lehrreicher sein als der kurzfristige Erfolg. Aus ihnen eine Identität zu schöpfen, wurde zu einer der irischen Geschichte eigenen Herausforderung. Im Schatten der Übermacht Englands konnte Irland zwar keine ruhmreiche Historie vorweisen, aber den Freiraum nutzen, um Geschichte zu schreiben. Dabei war an die für die irische Vergangenheit so bestimmende Perspektive des Unterdrücktseins eine große Hoffnung geknüpft, wie sie schon der Schriftsteller und Dekan der Dubliner St. Patrick's-Kathedrale, Jonathan Swift, ausdrückte, als er 1724 sein Pamphlet *To the Whole People of Ireland* veröffentlichte. Swifts Botschaft ist ungebrochen aktuell. Es ging ihm um die Verbesserung von Staat, Ökonomie, Gesellschaft und Kultur in ihrer Einheit. Ob sie mit dem irischen Wirtschaftswunder des späten 20. Jahrhunderts, auch «Celtic tiger» genannt, erreicht wurde, sei zunächst dahingestellt.

Der weite Weg bis dahin soll in diesem Buch beschrieben werden. Jedem der fünf Kapitel geht ein knapper Abriss voraus, jedes ist von einem Schlüsselbegriff geleitet. Das sind erstens *Invasion* (Mittelalter), zweitens *Religion* (Frühe Neuzeit), drittens *Zivilisation* (18. Jh.), viertens *Union* (19. Jh.) und fünftens *Nation* (20. Jh.). Diese Schlüsselbegriffe sind als Angebote konzipiert, nicht als ausschließliche Kriterien. Politische Eckdaten bilden das chronologische Gerüst, doch wird die politische Geschichte für sich genommen in diesem Buch nicht stärker gewichtet als die Sozial-, Wirtschafts- und Kulturgeschichte. Den Ausgangspunkt für die Schilderung bildet die gälische Vor- und Frühgeschichte, bevor für Mittelalter (Kap. 1) und Frühe Neuzeit (Kap. 2) schärfer herausgearbeitet werden kann, wie Irland in Auseinandersetzung mit und in Abgrenzung von England Teil der europäischen Geschichte wurde. Seine Unterwerfung und der Unabhängigkeitskampf, die Methoden der Kolonisierung und des Aufstands, die Aufspaltung in den protestantischen Patriotismus des 18. Jahrhunderts (Kap. 3) und den katholischen Nationalismus seit Daniel O'Connell im frühen 19. Jahrhundert (Kap. 4): Diese Stationen von *Invasion* bis *Nation* sind bestimmende Richtungsweiser in einem langen historischen Prozess. Die geographische, politische, religiöse, soziale und kulturelle

Teilung war nahezu unvermeidlich, und die Sehnsucht nach Frieden, Gerechtigkeit und Überwindung der sozialen Ungleichheit ist im Spannungsfeld von Gewalt und Bürgerkrieg als Grundmelodie zu vernehmen.

Das geteilte Irland ist ein wirkmächtiges Motiv, das als Ursache für Armut, Emigration und überhaupt eine Geschichte der Gegensätze dominiert. Es ist überdies ein von vielen in Übersee lebenden Iren befestigtes Motiv, die bis zu den Terroranschlägen vom 11. September 2001 in den USA den Terrorismus und die Gewalt der IRA unterstützten. Danach jedoch war der Terrorismus vollständig delegitimiert, und erst jetzt wurde ein Ausgleich möglich. Da in der Geschichte Irlands schließlich die große Chance der Gemeinsamkeit und einer Annäherung zwischen Norden und Süden liegt, eröffnet sich in ihr im 20. Jahrhundert (Kap. 5) jenseits der nationalgeschichtlichen Pfade und der langen Teilungsgeschichte auch eine globalgeschichtliche Perspektive. Denn warum sollte eine irische Familie, die seit Generationen an der Ostküste der USA lebt, nicht gleichwohl ihren Teil zur Geschichte Irlands beigetragen haben?

I. Zeitalter der Invasionen
1169–1534

Das irische Mittelalter, hier chronologisch ausgedehnt als die Zeit bis zur Unterwerfung Irlands durch Heinrich VIII. 1534 verstanden, ist vom Kernbegriff der Invasion geprägt. Gleichwohl ist es eine Zeit unvergleichlichen wirtschaftlichen, religiösen und kulturellen Reichtums. Obwohl Irland ständig von Zerstörung und Plünderung bedroht war, ist vor allem das frühe Mittelalter dank des Erfolgs der irischen Mission auf dem europäischen Kontinent besonders bedeutsam.

Vorgeschichte bis zum 12. Jahrhundert

Der Eroberung Irlands durch die Normannen 1169 gingen Jahrhunderte der Kriege, Beutezüge, religiösen Konflikte und Plünderungen voraus. Seit dem Jahr 793 bis ins 11. Jahrhundert hinein fielen immer wieder Wikinger auf den Britischen Inseln ein und zerstörten die vorhandene Klosterkultur. Berühmte Beispiele sind die Klöster von Lindisfarne (in der englischen Grafschaft Northumberland), Rathlin (nördlich der Küste der nordirischen Grafschaft Antrim) und Iona (in den westschottischen Hebriden). Infolge der Missionierung durch den hl. Patrick im 5. Jahrhundert hatte die keltische Durchdringung Irlands zu einer kulturellen und religiösen Einheit geführt, seine politische Zersplitterung in kleinere Herrschaften jedoch nicht verhindern können und es damit angreifbar gemacht.

Patrick, der Apostel Irlands und Namensgeber des irischen Nationalfeiertags (17. März), war zum Nachfolger des ersten irischen Missionars Palladius bestellt worden und wirkte vor allem im Norden und Westen Irlands. Von seinem Bischofssitz Armagh aus organisierte er zum einen die iro-schottische Kirche, zum anderen schuf er die Grundlagen für den im mittelalterlichen Europa weit verbreiteten Patrick-Kult mit zahlreichen Wallfahrtsorten.

Die iro-schottische Kirche war eine überwiegend eigenständige, bis in die Mitte des 7. Jahrhunderts von Rom unabhängige (Mönchs-)Kirche, deren Zentren bedeutende Klöster wie Clonmacnoise, Glendalough und Bangor bildeten. Die von ihr betriebene Christianisierung war nicht zuletzt deshalb so erfolgreich, weil sie die keltische Religiosität in die christliche Theologie integrierte. Mit der Synode von Kells (1152) war die Organisation der Klosterkirche abgeschlossen, die für das historisch-geographische Landschaftsbild Irlands wichtige Folgen hatte. Klöster waren Stätten des Glaubens, aber auch der Bildung, Kunst und Philosophie, sie waren Friedensbezirke für Kranke und Verfolgte, Pilgerziele und Märkte für Tausch bzw. Kauf und Verkauf von Waren. War eine Klostersiedlung groß genug, dass sich ein regionaler König ansiedelte, konnte sie zu einer Proto-Stadt werden, wie es z. B. im heutigen Kildare der Fall war.

Während das Christentum in anderen Teilen des westlichen Europas zurückgedrängt wurde, schuf es sich im frühmittelalterlichen Irland eine wichtige Basis, in einem Land also, das weder die römische Herrschaft kannte noch die Folgen der Völkerwanderung. Umso erstaunlicher ist es, dass die neue Religion so schnell auf breite Resonanz traf. Mit der Verschriftlichung hielt die Gelehrsamkeit in lateinischer Sprache Einzug, parallel zum irisch-weltlichen Geistesgut, und beides lockte Gelehrte nach Irland, die ihre Kenntnisse vertiefen und sich in asketischer Lebensweise prüfen wollten.

Die Wikinger gründeten neue Handels- und Militärniederlassungen in Cork, Dublin, Limerick und Wexford, aus denen sich die späteren Königreiche entwickelten, sowie territoriale Bistümer, deren Bischöfe in Canterbury geweiht wurden. Dublin war in seinen Anfängen, die bis ins 5. Jahrhundert zurückgehen, ein Übergang über den Fluss Liffey, eine Hürdenfurt aus Weidengeflecht, wie der gälische Name (Baile-atha-cliath) offenbart. Aufgrund seiner geographischen Lage genoss Dublin schon früh eine herausragende Bedeutung. Es besaß bereits im 10. Jahrhundert alle notwendigen Attribute einer Stadt: eine Befestigung, einen florierenden Handelshafen, ein Straßennetz, eine eigene Münzstätte, einen Markt, heimische Handwerksbetriebe und ab 1028 einen Bischofssitz mit Kirche, an deren Stelle heute die Christ-Church-Kathedrale steht. Unter dem Einfluss der Wikinger verlagerte sich der politische und wirtschaftliche Schwerpunkt Irlands vom Inneren der Insel zur (süd-)östlichen Küste. Das machte sich auch in der Gründung neuer Siedlungen und im Ausbau des Verkehrsnetzes bemerkbar.

In dieser frühchristlichen Phase bis in die zweite Hälfte des 12. Jahrhunderts wurden weiterhin zahlreiche Klöster gegründet. Das schottische Iona, eine Gründung des hl. Columban, und Armagh bildeten die kirchlichen Machtzentren. Einige Kirchen unterlagen der ökonomischen Kontrolle durch einen weltlichen Herrscher wie auch episkopaler Rechtsprechung. Manche waren frei, also nicht an ein Kloster gebunden, andere wiederum unterstanden der Herrschaft einer adligen Familie, z. B. die Kirchen von Cork und Trim. Zwischen Geistlichkeit und Bevölkerung bestanden Verpflichtungen in Form von Steuerzahlungen einerseits, der Aufrechterhaltung eines religiösen Dienstes andererseits. Eine wichtige Konstante dieser Zeit waren die kulturellen und religiösen Impulse, die von Irland auf das Festland ausgingen und insbesondere das geistige Leben im Karolingerreich voranbrachten.

Der irischen Missionierung in Mitteleuropa war zunächst ein beispielloser Erfolg beschert, der das christliche Erbe Europas nachhaltig prägte. Der Wandermönch Columban wirkte seit 590 als Bußprediger in England und Frankreich, später bei den Alemannen am Zürichsee und am Bodensee. Klostergründungen unter der Prämisse strenger Mönchsregeln wie Luxeuil in Burgund und Bobbio in Oberitalien gehen auf Columban zurück. Sein Schüler Gallus missionierte ebenfalls in Frankreich und seit Anfang des 7. Jahrhunderts bei den Alemannen, wo er 612 eine Klause gründete, aus der 150 Jahre später das Kloster St. Gallen entstand.

Gesellschaftliche Strukturen

Die schriftliche Überlieferung über das soziale Leben im frühmittelalterlichen Irland lag in den Händen des adligen Klerus. Es gab eine breite Schicht abhängiger und unabhängiger Bauern, die Sklaven – oft Kinder aus verarmten Familien – auf den Feldern und zur Viehaufsicht beschäftigten. Die Bevölkerungszahl lag nicht höher als bei einer Million und wurde immer wieder durch Seuchen und Hungersnöte dezimiert. Für die Mehrheit war das Leben arbeitsreich, voller Entbehrungen und kurz. Die große Bedeutung von Landbesitz zeigte sich wie anderswo in Europa in der frühen sozialen Untergliederung unterhalb von Königtum und Adel in landbesitzende Freie und an die Pacht gebundene Unfreie. Die Familie als Zentrum der Gesellschaft definierte sich nicht über Ehe und Abstammung, sondern als ein sozialer Verband, dem alle Mitglieder des Haushalts angehörten. Weder Ehescheidungen noch Polygamie waren im mittelalterlichen Irland ungewöhnlich, was bei europäischen Kirchenreformern häufig für Befremden sorgte. Eine Folge dieser Gesellschaftsstruktur war die Multiplizierung und Aufsplitterung adliger Haushalte, die zu deren sozialem und wirtschaftlichem Abstieg und somit zur allmählichen Verdrängung der landbesitzenden Mittelschicht führte.

Den insgesamt 80 bis 100 Kleinkönigen kam eine nahezu sakrale Funktion zu. In der mittelalterlichen Literatur werden die Wohltaten des Königs und seine heroischen soldatischen Tugenden gepriesen. Tatsächlich gehörte es zu seinen zentralen Aufgaben, seine Provinz im Inneren zu befrieden, Gesetze zu erlassen, Steuern zu erheben und Land unter seinen Gefolgsleuten zu verteilen. Letzteres geschah zumeist über einen Freibrief, für den der König im Gegenzug militärische Dienste einforderte. Hierin unterschied sich der Feudalismus Irlands kaum von dem im übrigen Europa der Zeit.

Weltliche und geistliche Herrschaft

Im Jahr 1101 wurde die Festung Cashel in der Grafschaft Tipperary zum Erzbischofssitz. Wie auch die vorkeltische Stätte Tara in der Grafschaft Meath, seit dem 5. Jahrhundert Hauptsitz der Dynastie der O'Neills, war dieser Ort mehr als nur das Machtzentrum eines Provinzialherrschers, sondern besaß unschätzbaren symbolischen Wert. Die Kirche gab dem König ihren Segen, weihte sein Amt und erwartete im Gegenzug von ihm, gegen äußere Angriffe und innere Unruhen verteidigt zu werden. Ob es aber im Zeitalter der Wikinger-Invasionen bereits ein übergeordnetes, ganz Irland beherrschendes Königtum gegeben hat, wird von Historikern intensiv diskutiert. Zumindest hätte es das Bewusstsein von einer geeinten Insel zur Voraussetzung gehabt.

In der zweiten Hälfte des 12. Jahrhunderts gelang es dem König von Leinster, Dermot MacMurrough, im Kampf gegen den König von Connacht, Rory O'Connor, nicht, die blühende Machtzentrale Dublin zu seinem Verbündeten zu machen. Er bat daher den englischen König Heinrich II. um Hilfe, lud somit gewissermaßen zur Invasion ein und öffnete Irland politisch und militärisch dem anglo-normannischen Feudalismus. In dem Moment, in dem die Einheit der Insel zum Greifen nahe war, wurde sie den regionalen Rivalitäten geopfert. Im Jahr 1169 setzte die Eroberung unter Gilbert Fitz Richard, genannt Strongbow, ein, 1172 wurde Heinrich II. auf der Synode von Cashel zum Alleinherrscher über Irland ernannt.

Als die Anglo-Normannen im 12. Jahrhundert in Irland einfielen, fanden sie viele Elemente der von den Wikingern geschaffenen Infrastruktur vor, die für eine zügige auch administrative Durchdringung des Landes vorteilhaft waren. Anders als in Schottland, wo sie sich als Bauern und Fischer niederließen, kontrollierten die Anglo-Normannen in Irland als Händler und Seefahrer vor allem die Küsten. Siedlungen wie Galway, Waterford und Wexford wurden rasch wohlhabende Umschlagplätze für Waren wie z. B. teure Seidenstoffe. Die frühchristliche Gold- und Silberschmiedekunst profitierte davon ebenso wie der anglo-normannische Festungsbaustil und die ornamentale Kunst der für Irland so typischen Hochkreuze. Durch den feudalen Herrn – den englischen König, einen Adligen oder einen Bischof – erhielten die Städte eine eigene Verfassung sowie eine Verwaltung und konnten nach einem längeren Zeitraum die besonders begehrte städtische Freiheit erlangen. Diese gipfelte in der City-Würde und dem Recht, den Bürgermeister zu wählen.

So hielt Irland Anschluss an das westliche Europa, wo ähnliche Entwicklungen stattfanden. Eine kulturelle Einheit hat es indessen im Westen Europas nicht gegeben. Denn wie in Wales blieben auch in Irland die als «barbarisch» wahrgenommenen Bewohner des «Celtic fringe», d. h. der gälischen Randlagen, vom Prozess der Zivilisation ausgeschlossen. Der religiösen Spaltung im 16. Jahrhundert durch Heinrich VIII. ging die soziale Spaltung im Hochmittelalter voraus. Dieses Motiv spannt sich wie ein Bogen über den Zeitraum zwischen 1169 und 1534.

Dublin entwickelte sich zum Zentrum der politischen und wirtschaftlichen Geschehnisse sowie der klerikalen und administrativen Macht. Es besaß ein fruchtbares agrarisches Hinterland, über das weltliche und geistliche Grundherren verfügten. Die Dreifelderwirtschaft war ebenso bekannt wie der Anbau von Weizen, Roggen, Hafer und Gerste sowie die wirtschaftliche Nutzung der Wälder. Nur die Diözese Dublin unterstand der Kontrolle Canterburys und war damit den englischen Hafenstädten gleichgestellt. Dublins Verbindungen zur anglo-normannischen Handelswelt und besonders zur Südwestküste Englands machten es zu einer Brücke zwischen der gälischen Kultur und dem aufstrebenden Königshaus der Plantagenets. Das restliche Irland war noch bis 1152 in kirchlichen Fragen von Laienäbten verwaltet worden, deren Amt erblich war. Nun aber forderte Dublin für sich selbst den Erzbischofssitz ein und lieferte damit dem englischen Papst Hadrian IV. das Argument, der anglo-normannischen Unterwerfung Irlands zuzustimmen.

Kolonisierung und Krisen

Die Erschließung Irlands intensivierte sich als eine Konsequenz des rapiden Bevölkerungswachstums in Europa zu Beginn des 13. Jahrhunderts. Hohe Nahrungsmittelpreise, Migration und niedrige Arbeitskosten machten die Kolonisierung noch schwach bevölkerter Landesteile für die Landwirtschaft nötig und möglich. So entstand ein kompliziertes Beziehungssystem zwischen Landbesitzenden und Pächtern, in dessen Folge die anglo-normannische Kultur, ihre Sprache und Gebräuche immer weiter Fuß fassten.

Das mittelalterliche Irland war hochgradig differenziert in weltliche und kirchliche Hierarchien, was sich selbst in der Architektur widerspiegelte. Der frühe anglo-gotische Baustil verdrängte in der Sakralarchitektur die irische Romanik. Dubliner Gebäude, auch solche für weltliche Zwecke, wurden zunehmend aus Stein statt Holz gebaut. Die Klöster der Zisterzienser, der Augustiner und besonders der Johanniter wurden durch anglo-normannische Schenkungen begütert und mit Meisterwerken der Gotik ausgestattet, die Klosteranlagen der Templer wurden festungsartig ausgebaut. Den neu erworbenen Reichtum des landbesitzenden Adels dokumentieren die mächtigen Burgen aus dem 13. Jahrhundert wie z. B. Castleroche in der Grafschaft Louth, die nicht nur als Militärstandorte, sondern als Zentren für die Finanzverwaltung der Region dienten.

Aber die koloniale Expansion in den Westen erforderte viel Personal, das man mit Unterstützung der Kirche rekrutierte. Für die Plantagenets war es selbstverständlich, dass sie als Feudalherren über die mit Kirchenämtern verbundenen Einkünfte (Temporalien) die neuen Bischöfe und Äbte ernannten. Nicht selten fungierte ein Bischof als Vorsteher der Hofkanzlei, als Schatzmeister oder sogar als Richter. Daher beriefen die unter königlicher Herrschaft stehenden Diözesen nur noch anglo-normannische Bischöfe, und eine Kathedrale wie St. Patrick's in Dublin verdankte ihre Gründung dem Zweck der Ausbildung von königlichen und kirchlichen Verwaltern. Doch weil die Durchdringung Irlands nicht vollständig war, blieben nicht-kolonisierte, abgelegene Territorien auch in religiösen Fragen rückständig. Hier wirkten Orden wie die Franziskaner und Dominikaner, ohne verhindern zu können, dass im Inneren der Insel Zivilisationsgrenzen zwischen neu besiedelten und keltischen Territorien entstanden. Zwei einander fremde soziale Ordnungen waren im Begriff, sich parallel zueinander zu entwickeln.

In der Folge wurde das gälische Irland, besonders Connacht, zum Schauplatz unzähliger Kriege. Militärische Gewalt konnte jeder ausüben, der nur einen kleinen Haufen von Kriegern befehligte. Ihre Bezahlung besorgten sich die Söldner über Mittelsmänner und trugen damit zu anarchischen Verhältnissen bei. Im England des 13. Jahrhunderts war es üblich geworden, die Kosten für Ritterheere mit erhöhten Steuereinnahmen zu decken. Weil man sich in Irland diesen administrativen Mehraufwand sparte, bezahlte das Land mit seiner Dezentralisierung.

Adelshäuser wie die Butlers, de Burghs und die Geraldines konnten zwei sich nun abzeichnende Tendenzen nicht abwenden: erstens, dass der englische König die Insel als Quelle von Soldaten, Nahrungsmitteln und Geld ausnutzte, um seine Feldzüge in Wales und Schottland zu führen; und zweitens, dass irischer Landbesitz zunehmend in England residierenden Baronen unterstand. Als Missernten, Epidemien und Hungersnöte, wie sie im Norden Europas seit 1315 häufig wurden, 1348–1352 in einer verheerenden Pest gipfelten, setzte eine Migrationswelle zurück nach England ein. Auch der bis dahin verbliebene angloirische Adel sah für die Insel keine andere Zukunft mehr, als dass sie von der gälischen Bevölkerung zurückerobert würde.

Äußere und innere Fremdherrschaft

Die Geschichte Irlands im 14., 15. und frühen 16. Jahrhundert stellt sich aus moderner Perspektive gar nicht so grundsätzlich anders dar, als sie schon von den Annalisten und historischen Kompilatoren der Zeit betrachtet wurde. Deren Werke, die den Kampf gegen die Fremdherrschaft schildern, dokumentieren die Glorifizierung von Befreiungsschlachten wie etwa der legendären Schlacht von Clontarf (1014), die Etablierung einheimischer Traditionen, aber auch die hierarchische Ordnung der spätmittelalterlichen Gesellschaft. Dass diese Historiographen von der europäischen Literatur beeinflusst wurden und dadurch einen internationalen Blickwinkel gewannen, geht vermutlich auch auf die Reisen von Ordensgeistlichen zurück. In jedem Fall öffnete sich Irlands Geisteswelt, auch die seiner Dichter und Barden, bereitwilliger, als es der walisische Chronist Giraldus Cambrensis in seiner Schrift *Expugnatio Hibernica* an der Wende vom 12. zum 13. Jahrhundert noch prophezeit hatte. Die Auffassung, dass sich auf der einen Insel zwei Nationen etablierten, die sozial, politisch, wirtschaftlich und kulturell immer weniger Gemeinsamkeiten hatten, schien dagegen unbestreitbar. Die «irische Frage» in ihrer über Jahrhunderte währenden Kontinuität beruhte auf einer Grundgegebenheit der englischen Herrschaftspolitik des Hoch- und Spätmittelalters: Für England war die Kontrolle über Schottland und Frankreich zunächst viel dringlicher. Auch deshalb musste die Eroberung Irlands unvollständig bleiben.

Die Spaltung der Insel nahm nun konkrete Züge an. Die eine Seite galt als rebellisch, weil sie sich dem unter Heinrich II. eingeführten Common Law widersetzte und ihre eigenen Rechtsinstitutionen, ihre eigene Sprache und Kultur pflegte. Die Anglo-Iren, die Nachfahren der englisch-normannischen Eroberer, hingegen unterstanden dem Königsfrieden des Common Law, der in England einst die rechtlichen Unterschiede zwischen Sachsen und Normannen beseitigt hatte, doch auf Irland fatalerweise unvollständig übertragen wurde. Die Entsendung von englischem Personal für Leitungsfunktionen in Irland führte außerdem dazu, dass diese Elite sich als eine dritte Kraft einrichtete, die vom englischen König immer schwieriger zu kontrollieren war. Sie war mit der Aussicht auf Landbesitz und Vermehrung ihres Reichtums nach Irland gekommen. Nach englischem Vorbild wurden ein Rechnungshof, ein Schatzamt und ein Kanzler geschaffen, aber auf einen Vertreter des zumeist abwesenden Königs wurde vorerst verzichtet. Als die Pflicht zur persönlichen Heerfolge im 13. Jahrhundert durch Geldzahlungen abgeschafft wurde, lockerten diese Adligen ihre familiären Bindungen nach England in unterschiedlichem Maße, je nachdem, welcher Stufe des Adels sie angehörten. Naturgemäß behielt der Hochadel, Familien wie die de Clares oder die Marshalls, seine englischen Besitzungen, während der niedere Adel, Familien wie die FitzGeralds, in Irland ansässig wurde, ohne sich aber sozial zu integrieren.

Er unterstrich seine Herrschaftsansprüche durch den Bau von kleineren Burgbefestigungen in Form von Motten, in deren Umfeld Wirtschaftshöfe vom Typ der Manors angesiedelt wurden. Hier wurde vornehmlich Viehwirtschaft betrieben sowie die vorhandene Landwirtschaft weitergeführt und modernisiert. Jedoch wurde weder neues Ackerland umfassend erschlossen noch der Gewinn vor Ort investiert. Langfristig musste diese Politik zu einer Destabilisierung der englischen Macht in Irland führen. In der besonders fruchtbaren Grafschaft Meath nordwestlich von Dublin entstanden um die Burgen herum rasch neue Städte nach englischem Recht, wie überhaupt die meisten mittelalterlichen Städte im Inneren des Landes ihren Ursprung in englischen Burganlagen hatten. Allein die Küstenstädte gingen auf skandinavische Gründungen zurück.

Das sollte weitreichende Konsequenzen für die Aufteilung in Grafschaften als Basis der englischen Herrschaft haben, zumal der englische König als oberster Lehnsherr die Städte unter seine direkte Kontrolle stellte. Irland anglisierte sich in seiner Territorialverfassung durch die Grafschaften, die im weitesten Sinne den englischen Pfalzgrafschaften (Earldoms) vergleichbar waren, während die unverändert gebliebenen irischen Territorien keine rechtlichen Reformen erfuhren. Diese von der englischen Krone freien Enklaven, die sogenannten Liberties, gab es sogar in Leinster, das am stärksten anglo-normannisch durchdrungen war. Sie zeugten davon, dass der zunächst schnelle Erfolg, mit dem Irland ab 1169 kolonisiert worden war, nicht anhalten konnte, solange neben einem dynamischen englischen König, der sich die Zerstrittenheit der verbliebenen irischen Könige zunutze machte, das Personal für die Festigung und Ausdehnung des englischen Einflussbereichs fehlte. Eine stärkere Zuwanderung aus England und Wales aber blieb im 14. Jahrhundert aus. So entstand wiederholt ein Machtvakuum, das allerdings selbst die aus dem Südwesten Schottlands angeworbenen Söldnertruppen nicht zugunsten der Iren füllen konnten.

Die wohl katastrophalste Invasion Irlands, die eine beispiellose Krise des politischen, sozialen und kirchlichen Lebens auslöste, war der Vernichtungsfeldzug von Edward Bruce (1315–1318), der den permanenten Konflikt zwischen Schotten und Engländern auf Ulster übertrug. Bruce zog plündernd und mordend durch das Land, das ohnehin von einer dreijährigen Folge von Missernten und schweren Hungersnöten heimgesucht wurde. Das allerdings hatte zur Folge, dass gälische Iren und Anglo-Iren näher zusammenrückten, um die gemeinsame schottische Bedrohung abzuwehren, was schließlich auch gelang.

Das komplexe Bild des irischen Mittelalters ergibt sich insgesamt aus dem ungelösten Gegensatz zwischen dem umfassenden englischen Anspruch auf Oberherrschaft einerseits und der Praxis einer tatsächlichen Mischung von Herrschaftsverhältnissen andererseits. Im Statut von Kilkenny (1366) war die Verbindung zwischen Engländern und Iren in jeglicher Form, durch Heirat, Handel etc., ausdrücklich verboten worden. Auch die Politik des englischen Königs Edward III. zielte nicht auf Integration, sondern auf strenge Segregation der Bevölkerungsgruppen. Doch im Alltag ließ sich das nicht durchsetzen.

Im 14. Jahrhundert zogen sich die englischen Familien zunehmend aus Irland zurück, setzten Verwalter für ihre irischen Besitzungen ein und ließen sich, wie auch der englische König, im Land nicht blicken. Eine Folge davon war die Stärkung der Position der Anglo-Iren, einer von jeher mit Argwohn betrachteten Bevölkerungsgruppe. Zu ihr gehörten z. B. die großen Familien der Grafen FitzGerald von Kildare und Butler von Ormond. Diese richteten sich geschickt in einem Zwischenraum ein, was ihnen das Empfinden und Praktizieren eindeutiger Loyalitäten jedoch erschwerte, so dass sie vor allem das Vertrauen der Krone ständig neu gewinnen mussten. Die FitzGeralds in Maynooth Castle setzten sich zum Ende des 15. Jahrhunderts gegen die

Butlers durch und boten sich als Vertreter Heinrichs VIII. in Irland an. Ansonsten berief auch dieser englische König aber fast ausschließlich Engländer in seine Verwaltung der Insel und führte den Fehler seiner Vorgänger fort – das administrative Personal blieb nur selten lange genug, um bestimmte Vorstellungen in tatsächliche Politik umzusetzen.

Zwischen archaischer Tradition und Modernisierung

In vielen Bereichen der politischen, rechtlichen und kulturellen Geschichte Irlands kristallisierte sich im allmählich ausklingenden Mittelalter ein Charakteristikum heraus, durch das sich Irland vom römisch-lateinisch geprägten Resteuropa unterschied: die unauflösbar scheinende Spannung zwischen archaischen Traditionen und Modernisierung. Parallel zur Umgestaltung gesellschaftlicher Institutionen und Funktionen wie z. B. der politischen Führung durch Einzelne oder Familien («Clans») wurde weiterhin auf traditionelle Modelle zurückgegriffen. Im politischen Alltag bedeutete das z. B., dass neue Herrschaften geschaffen wurden, die alte Namen wie O'Connor oder O'Byrne trugen.

Ohne Einfluss der Außenwelt verlief diese Entwicklung jedoch nicht. Von der relativen Offenheit Irlands zu dieser Zeit zeugt, dass keiner der größeren geistlichen Orden Europas darauf verzichtete, in Irland präsent zu sein, allen voran die Augustiner, Dominikaner und Franziskaner, und dass europäische adlige Reisende häufig irische Pilgerstätten aufsuchten. Das mittelalterliche Irland hielt zahlreiche Angebote für Gläubige bereit, die zur «Insel der Heiligen und Gelehrten» reisten. Frieden war eine wichtige Voraussetzung für diesen kulturellen, gelehrten und religiösen Austausch. Er hatte schließlich auch zur Folge, dass die unterschiedlichen irischen, englischen sowie anglo-irischen Traditionen und sozialen Gewohnheiten in Kontakt miteinander gerieten und sich verwoben.

Mit dem Schwinden des englischen Einflusses übernahmen die Anglo-Iren irische Sitten und die irische Sprache und passten sich sogar in Kleidung und Haartracht sowie in der Namensgebung dem Land an, das für sie nicht mehr nur Gastland war. Sie beschäftigten Dichter, Barden und Musiker in ihren Häusern, suchten den Rat der irischen Rechts- und Schriftgelehrten, der Heilkundigen sowie der Verfasser von frühen historischen und geographischen Traktaten. Ihre Assimilation an die gälischen Sippenverbände und deren Lebensweise wurde intensiver, als die englische Krone Irland zunehmend nur noch als finanzielle Bürde betrachtete. Ihre gespaltene Loyalität aber wurde durch ihr soziales und nicht zuletzt wirtschaftliches Selbstbewusstsein verhüllt. Hingegen war der kontinuierliche Niedergang der englischen Lordschaft im Osten der Insel nicht aufzuhalten. Wenigstens dort hatte die englische Verwaltung noch großen symbolischen Wert. Wirtschaftlich war sie jedoch ein reines Zuschussgeschäft geworden.

Auch politisch wurden die Anglo-Iren, wie etwa das Haus Kildare, zur tragenden, unentbehrlichen Säule, spätestens während der von 1455 bis 1485 dauernden Thronfolgekriege («Rosenkriege») zwischen den Häusern Lancaster und York, die mit der Thronerwerbung durch Heinrich (VII.) Tudor endeten. Doch das in dieser Zeit entstandene Machtvakuum in Irland konnte selbst das Haus Kildare nicht vollständig ausfüllen, trotz der Krisen, die durch die langjährige Abwesenheit englischer Territorialherren von ihren Besitzungen ausgelöst wurden.

Die Unregierbarkeit Irlands

1394 bereiste mit Richard II. erstmals seit zwei Jahrhunderten wieder ein englischer König Irland. Er wurde von den irischen Stammeskönigen willig als Lehnsherr anerkannt, nicht zuletzt weil er ein Heer von 10000 Mann im Gefolge hatte. Doch schon zu dieser Zeit war die Zersplitterung Irlands in zahllose kleine Herrschaften längst nicht mehr abzuwenden. Ob dieser Zustand den Vorteil hatte, den er bereits zur Zeit der Wikinger-Einfälle besaß, nämlich einen Schutz gegen die vollständige Übernahme durch einen Eroberer zu bieten, sei dahingestellt. Die Zerrissenheit Irlands im Mittelalter konnte zumindest dem englischen Einfluss entgegenwirken und ihn im besten Fall absorbieren. Die Idealisierung einer nationalstaatlichen und gesellschaftlichen Einheit, wie wir sie aus dem Europa des 19. Jahrhunderts kennen und etwa in der Verherrlichung legendärer irischer Könige wie Brian Boru wiederfinden, war dem mittelalterlichen Irland fremd. Zu Recht könnte man es als Stärke des unzusammenhängenden geographischen Gebildes Irland betrachten, dass es dynamischer auf äußere Veränderungen reagieren und innere Entwicklungen im Spannungsfeld von archaisch und lateinisch geprägten Zivilisationen leichter auffangen konnte.

Sozialgeschichtlich betrachtet präsentierte sich das spätmittelalterliche Irland in einem Zustand des Niedergangs. Der Bevölkerungsrückgang als Konsequenz von Seuchen war in den dichter besiedelten Städten besonders hoch, er wird für das frühe 16. Jahrhundert auf 50% geschätzt. In diesem Kontext erreichten die Anglo-Iren wie z. B. die Ormonds, dass die englische Krone vorübergehend fast vollständig auf ihre Unterstützung setzen musste. Denn erstens war der englische Einfluss auf ein Gebiet von etwa 30 x 45 Kilometern im Umkreis von Dublin, seit 1446 als «Pale» bezeichnet und seit 1494 mit einem Wallgraben gesichert, geschrumpft und ansonsten nur noch in wenigen Städten wie Athlone, Meath, Trim und Wicklow real vorhanden. Um 1500 waren insbesondere Ulster und Connacht wieder vornehmlich gälisch geworden. Die wiedergewonnene Freiheit bedeutete allerdings nicht territoriale Einheit, denn die englische Politik des «Teile und herrsche» hatte zu nachhaltig für Unfrieden unter den zahllosen irischen Anführern, den «Chieftains», gesorgt. Zweitens aber war es nur eine Frage der Zeit, dass die Tudors die Kontrolle über die Insel zurückerobern würden, und es war klar, dass die Anglo-Iren dabei eine wichtige Rolle übernehmen sollten. Der englische Lord Lieutenant Edward Poynings erließ 1494 ein Gesetz, das parlamentsähnliche Zusammenkünfte der Iren ohne Zustimmung des Königs untersagte und diese damit politisch entmündigte. Als dann im 16. Jahrhundert die Politik der «Plantation» eingeführt wurde, die gezielte Ansiedlung englischer und schottischer Bauern, Handwerker und Kaufleute und die vorausgegangene Umsiedlung und Enteignung der gälischen Bevölkerung, war dies eine Antwort auf die Erfahrungen des Spätmittelalters. Es entsprach der systematischen Unterwerfung Irlands und der neuerlichen Kolonisierung eines Landes, das inzwischen als unregiert und unregierbar galt.

II. Reformation und Restauration 1534–1691

Der konfessionelle Gegensatz zeichnete die Frühmoderne Irlands stärker als andere Entwicklungen wie z. B. der in England sich ausbildende Merkantilismus und der im kontinentalen Europa verbreitete Frühabsolutismus. Im keltischen Irland mit seiner gälischen Stammesverfassung und im protestantischen Irland der Ascendancy mit seinem auf dem normannischen Feudalismus aufbauenden englischen Kolonialsystem entstanden zwei Gesellschaften, die durch unüberbrückbare Gegensätze gespalten und doch miteinander verwoben waren. Die Religion war in diesem Prozess eine treibende Kraft.

Poynings' Gesetz von 1494 verhinderte auf lange Zeit Irlands politische Eigenständigkeit. Der daran geknüpfte Machtanspruch Westminsters war nicht von der Hand zu weisen. Er gipfelte im «Reformationsparlament», das Anfang 1534 den Bruch Heinrichs VIII. mit Rom vervollständigte und erhebliche Auswirkungen auf das religiöse Leben in Irland hatte. Am Ende der Epoche aber, die dieses Kapitel beschreibt, im Oktober 1691, wurden den Katholiken Irlands im Vertrag von Limerick die religiösen Privilegien garantiert, die sie bis 1685 unter Karl II. genossen hatten. Der Schlüsselbegriff dieses Kapitels ist Religion. Die durch die Reformation verschärften konfessionellen Gegensätze in Irland wurden im Laufe des 16. und 17. Jahrhunderts im eigentlichen Sinne zu politischen, militärischen, kulturellen und wirtschaftlichen Gegensätzen.

Wirtschaft und Gesellschaft

Gesellschaftlich bot der irisch-englische Kontrast auf den ersten Blick keine Spielräume für einen Ausgleich. Allerdings fand zwischen dem frühen 16. und dem späten 17. Jahrhundert, zwischen Reformation und Restauration, eine bemerkenswerte Verlagerung von Einflusszonen statt, die auch die irische Gesellschaft berührte. Stellte Dublin samt Pale zunächst den geographischen Kernbereich englischer Macht dar, so bildete sich in jenen 150 Jahren eine führende Schicht heraus, die in der Historiographie als «Old English in Ireland» beschrieben wird und die in ganz Irland statt nur in den östlichen Randgebieten präsent war. Die Grenzen des Pale hatten eine Zeit lang die Grenzen der englischen Rechtsprechung symbolisiert. Außerhalb war bestenfalls mit sporadischer Anerkennung der königlichen Autorität zu rechnen, schlimmstenfalls jedoch mit Anarchie und Aufstand. Die Old English waren Nachkommen der Anglo-Normannen, sprachen Englisch, begriffen sich als loyale Untertanen der Krone und brachten den Großteil der Insel unter ihre politische und ökonomische Kontrolle. Militärisch mussten sie sich auf lange Auseinandersetzungen mit den gälischen Stammesfürsten gefasst machen. Das Problem verschärfte sich dadurch, dass die Grafen von Kildare das Amt des Lord Lieutenants für sich allein beanspruchten und der englischen Krone bei Aberkennung dieses Privilegs drohten, Irland in ein bürgerkriegsähnliches Chaos zu stürzen.

Um dem zu begegnen, wurden im 16. Jahrhundert neue Wehrburgen in den anglisierten Teilen des Landes gebaut. Die Militärorganisation und -verwaltung wurde massiv verstärkt, zugleich wurden zwischen 1534 und etwa 1610 zahlreiche Klöster aufgelöst. Kulturlandschaftlich wirkte sich einschneidend aus, dass allein in Ulster etwa 20 Städte neu gegründet wurden oder das Stadtrecht verliehen bekamen. Diese «Plantation Towns» – die größten unter ihnen waren Derry, Enniskillen und Coleraine – gaben dem Land ein neues Gefüge. Stadtplanerisch von kontinentaleuropäischen Vorstellungen beeinflusst, wurden sie nach militärischen und verkehrsstrategischen Gesichtspunkten angelegt und dokumentierten politisch ihre Verbundenheit mit England. Damit waren sie Fremdkörper im gälischen Irland. Weil die City of London das beträchtliche Gründungskapital aufbrachte, wurde Derry in Londonderry umbenannt. An wirtschaftlich wichtigen, das Hinterland kontrollierenden Knotenpunkten entstanden neue Dörfer, «Plantation Villages», deren Hauptkennzeichen der zentrale Marktplatz, der «Common» oder «Green», wurde. Wie in England konnte hier Sport, etwa Ballspiele, betrieben werden, jedenfalls blieb der Common außerhalb der Kontrolle der Kirchen und ihres sonntäglichen Verbots gesellschaftlicher Spiele.

Miteinander rivalisierende Parteien warben besonders im nördlichen Ulster um schottische Söldner, die dem ohnehin verarmten Land ihren Blutzoll abverlangten – und Naturalien. Irlands unterentwickelte Landwirtschaft produzierte vor allem Hafer, auch Milchprodukte wie Butter, dagegen wenig anderes Getreide, wenig Gemüse und Fleisch, so dass schon die eigene Bevölkerung kaum ausreichend und ausgewogen ernährt werden konnte. Die Mehrzahl der Menschen lebte in Armut, wohnte in einfachsten Behausungen und kleidete sich das ganze Jahr über mit den typischen schweren Wollmänteln. Das primitive ländliche Leben kannte kaum den Pflug und meist nur den Spaten. Wo die anglo-irischen Familien siedelten, war das Land gewöhnlich nicht nur viel fruchtbarer, sondern auch stärker durch kleine Städte und Dörfer aufgeteilt statt durch einzelne Bauernhöfe. Das machte es aber auch anfälliger für die marodierenden Truppen.

Im südlichen Munster herrschten die mächtigen Old-English-Familien der Desmonds, Ormonds und MacCarthys. Die dortige Landbevölkerung wurde durch die Kriege der 1580er und 1590er Jahre am stärksten dezimiert. Die Rebellion des Grafen von Tyrone, Hugh O'Neill, löste den Neunjährigen Krieg (1594–1603) aus und hatte die Vernichtung der gälischen Lordschaft bei Kinsale und die vollständige englische Herrschaft über Irland zur Folge.

Spätestens seitdem lag das Schicksal der Insel nicht mehr allein in den Händen der Iren und Engländer. Es war verwoben mit den persönlichen Interessen des spanischen Königs Philipp II. und Papst Gregors XIII. Besser als ihre Vorgänger erkannte Elisabeth I. die strategische Bedeutung Irlands für europäische Machtkalküle. Innerhalb weniger Jahre schickte sie ihre besten Generäle und mehr als zwölf Mal massive Truppenverbände nach Irland, die dort die vereinigten Verbände der katholischen Mächte und der gälischen Fürsten bekämpften.

Anfang des 17. Jahrhunderts betrug Irlands stagnierende Gesamtbevölkerung nicht mehr als etwa 800 000 Menschen. Zur gleichen Zeit konnte das westliche Europa ein gewaltiges Bevölkerungswachstum verzeichnen. Man hat diese Rückständigkeit auf verschiedene Faktoren zurückgeführt, von denen die verheerenden Kriege und das Modernisierungsdefizit der Landwirtschaft sowie der daran geknüpfte provinzielle Handel sicher besonders ausschlaggebend waren. 100 Jahre später sollte sich dieses Bild in sein Gegenteil verkehrt haben, indem große Teile des Landes inzwischen agrarisch nutzbar gemacht worden waren.

Reformation und politische Autorität

Zunächst war es für die englische Herrschaft wichtig, Irland zu befrieden und zu stabilisieren, auch in kulturpolitischer und religiöser Hinsicht. Im selben Jahr 1592, in dem Philipp II. in Salamanca eine irische katholische Universität eröffnete, wurde der Grundstein für das protestantische Trinity College in Dublin gelegt. Dank der Emigration von irischen Franziskanermönchen, von Dominikanern, Augustinern, Jesuiten, Kapuzinern und Benediktinern waren Schulen und Kollegien in Frankreich und Spanien, in Prag, Paris, Douai, Madrid, Lissabon, Antwerpen und Rom ins Leben gerufen worden; sie wurden zum Teil sogar in gälischer Sprache geführt. Doch der irische Katholizismus in Europa wurzelte in der tiefen Religiosität des Heimatlandes. Die Einführung der Reformation in Irland, für die George Browne, Erzbischof von Dublin zwischen 1536 und 1554, maßgeblich verantwortlich war, folgte dagegen komplizierten politischen Interessen. Temporär erfolgreich war sie nur in einigen Diözesen wie Dublin und Meath sowie im Pale, ansonsten begegnete ihr passiver Widerstand in der breiten Bevölkerung bzw. eine aktive Gegenbewegung seitens der Jesuiten.

Ein großes Hindernis für die Protestantisierung Irlands war die Armut. Nach englischem Vorbild wurde 1537 eine Bestandsaufnahme des Kirchenbesitzes unter dem Titel *Valor Beneficiorum Ecclesiasticorum in Hibernia* unternommen. Reformen sollten auch von der wirtschaftlichen Lage der Kirche abhängig gemacht werden, die sich jedoch angesichts der Verstaatlichung der Klöster kaum verbessern konnte. Wie das *Valor* zeigte, waren die irischen Gemeinden im Vergleich zu schottischen und englischen sehr viel ärmer, und die Pfarreien betreuten großflächige und zerstreute Siedlungen. Zu den praktischen Schwierigkeiten kam hinzu, dass die wenigsten Gläubigen lesekundig waren und ihnen das für die Reformation so zentrale geschriebene Bibelwort nur von einem äußerst kleinen schriftkundigen Klerus vermittelt werden sollte. Das Vorhaben scheiterte schon an dem Widerstand des Klerus gegen die Umverteilung der kirchlichen Benefizien.

Der Act of Uniformity von 1560, dem zufolge allen Gottesdiensten das *Book of Common Prayer*, das Gebetbuch der Anglikanischen Kirche, zugrunde gelegt werden musste und der die spirituelle Oberhoheit der Krone über Irland bestätigte, hatte lediglich rhetorische Wirkung. In der Praxis blieb der römische Katholizismus selbst unter Elisabeth I. so stark, dass ihm sogar die zeitweise Unterdrückung und die Auflösung von über 400 Klöstern keinen ernsthaften Schaden zufügen konnten. Im Gegenteil, das generelle Wiederaufblühen des religiösen Lebens, das an mittelalterliche Frömmigkeit erinnerte, schlug sich nicht zuletzt in einem immer vielfältigeren Angebot nieder, dem die Uniformität des Anglikanismus politisch nichts entgegenzusetzen hatte. Die aus Schottland eingewanderten Presbyterianer bildeten bei weitem die stärkste Gruppe unter denjenigen, die die Autorität der Staatskirche nicht anerkannten. Auch Quäker, Baptisten, Hugenotten und Methodisten gehörten dazu – sie waren im weitesten Sinne Splittergruppen, partiell durch Mischehen absorbiert, aber gesellschaftlich nicht unbedeutend. Die Hugenotten z. B. wurden wegen ihrer Kenntnisse im Weben und in der Leinenmanufaktur geschätzt. Insgesamt führten die Spannungen zwischen Religion und politischer Autorität dazu, dass auch die kirchliche Zentralverwaltung, wie sie sich in England und im kontinentalen Europa durchsetzte, in Irland auf stärkeren Widerstand stieß. Dazu trug bei, dass die Mehrheit der Bevölkerung nur Gälisch sprach und die englische Herrschaft, wenn überhaupt, lediglich indirekt wahrnahm, weil sie von unzähligen lokalen Kleinfürsten regiert wurde.

In diesem Zusammenhang spielten die «Altengländer» eine interessante Rolle. Offen hinterfragten sie das in weiten Teilen Europas geltende Prinzip, dass der Monarch in geistlichen wie weltlichen Fragen gleichermaßen die Oberhoheit besitze. Sie setzten dem entgegen, dass die politische Loyalität, die sie für England empfanden, sie nicht zwangsläufig auch in religiösen Angelegenheiten an die Krone binde. Dahinter verbarg sich auch Kritik an den anglikanischen Vertretern des Königs in Dublin: Diese könnten sich nicht wirklich für das Wohl Irlands einsetzen, weil sie mit der katholischen Bevölkerung nichts gemein hätten. Vielmehr verteidigten die Vizekönige die strenge Strafgesetzgebung gegen die Katholiken, provozierten damit Aufstände und rechtfertigten den Einsatz des Militärs. Herausragende Statthalter der Krone waren Thomas Radcliffe, Earl of Sussex, und Sir Henry Sidney, die beide die gleichen enttäuschenden Erfahrungen eines jeden Gesandten in der Peripherie machen mussten: Sie entwarfen aufwendige Programme, um in möglichst kurzer Zeit Irland zu reformieren und die Kontrolle über die Einführung des englischen Rechtssystems zu straffen, aber sie rechneten weder mit den regionalen und lokalen Gegeninteressen noch mit dem Bestreben der Londoner Zentrale, sich finanziell zurückzunehmen. Die Einteilung des Landes in Shires wurde fortgesetzt, Sheriffs (Friedensrichter) nach dem Vorbild des englischen Rechtswesens etabliert. Eine effektive Verwaltung aber ließ sich nicht praktizieren. Als Konsequenz stieg die Zahl derjenigen, die mit privaten Mitteln in die koloniale Erschließung Irlands investierten, obwohl ihnen das als illoyal ausgelegt werden konnte.

Englische Monarchen von Elisabeth I. bis Karl II. machten aus dieser Not eine Tugend, indem sie die Irlandverwaltung ihrer Vertreter, der Lord Deputies, streng beaufsichtigten, zentralisierten und gegebenenfalls revidierten. Zu viel Geld war im Spiel und zu groß die Gefahr, dass Spanien Irland als Stützpunkt nutzen könnte, um im Verband mit den Spanischen Niederlanden England von zwei Seiten zu umklammern.

Für die Old English bot sich hier die Gelegenheit, zu vermitteln und durch Reformvorschläge die Modernisierung zu befördern. Das Konzil von Trient (1545–1563) hatte durch seine theologische Dogmatik die Glaubensspaltung in Europa eigentlich besiegelt. Es trug dazu bei, dass die Gegenreformation in Irland den Katholizismus, aber auch generell das religiöse Leben stärkte und schließlich die besonders abgelegenen Landstriche vom Heidentum oder von zweifelhaften Glaubensformen löste. Erst im Nachklang des Konzils wurde neben dem gälischen Irland auch die englischstämmige irische Elite von dem politischen Bewusstsein eines anti-englischen Katholizismus erfasst. Ursprünglich hatte dieser alteingesessene Adel mit der Reformation sympathisiert, aber durch die spaltende Politik der Tudor-Monarchen wurde er seiner Herkunft entfremdet und verschmolz zunehmend mit einer negativ definierten Identität, die die Anglisierung Irlands als eine Angelegenheit ausschließlich der «New English» bzw. der Ascendancy auffasste.

Die Bevölkerung sah sich daher mit zwei miteinander konkurrierenden Reformbewegungen konfrontiert, mit denen die Old English personell und politisch aufs Engste verwoben waren. Damit war ein Interessenkonflikt geschaffen, der langfristig zu Katastrophen führen musste: Eine davon war die große katholische Rebellion von Portadown im Jahr 1641, bei der 12 000 Protestanten getötet wurden, die andere Oliver Cromwells Irlandfeldzug, dem ab 1652 die systematische Zwangsumsiedlung katholischer Bauern ins unwirtliche Connacht folgte. Hier wurde die berüchtigte Devise «To hell, or to Connaught» erfunden.

Beide Ereignisse sind zu Erinnerungsorten mit besonderer historischer Nachhaltigkeit gemacht worden. Prinzipiell bestätigte sich auch hier, dass Aufstände die wirtschaftlichen, politischen und sozialen Lebensverhältnisse der irischen und der altenglischen Bevölkerung nur verschlechterten. Die vom Grafen O'Neill angeführte katholische Konföderation dehnte ihre Rebellion ab 1642 bald von Ulster auf ganz Irland aus und wurde vom altenglischen Landadel sowie vom Vatikan finanziert. Unterstützt von der schottischen Armee unter General Munro, glaubte dagegen die protestantische Siedlergemeinschaft ihre Sicherheit allein vom Londoner Parlament garantiert. Als Cromwell 1649/50 gleich nach der Hinrichtung Karls I. seinen Vergeltungsfeldzug in Irland durchführte, war der irische Katholizismus allerdings längst in eine Fraktion, die auf den englischen König gesetzt hatte, und eine zweite, die es mit Frankreich und Spanien hielt, gespalten. Insofern war er ein einfacher Gegner, und innerhalb weniger Wochen wurden allein in Wexford und Drogheda über 5000 Katholiken getötet. Anstelle von Sold wurde Cromwells Soldaten Land zugewiesen und damit fast die Hälfte des irischen Territoriums neu aufgeteilt.

Die Besiedlungspolitik

Schon seit einiger Zeit hatten sich die englische Kolonisierung («Plantation») und der irische Widerstand dagegen als zwei feste Größen nicht nur des Alltags, sondern auch des politischen Denkens etabliert. Mithin galten «irisch» und «katholisch» als synonym, wie politische Abhandlungen auf beiden Seiten der Irischen See bezeugen. Vor allem in den Provinzen Munster und Ulster wies das englische Siedlungsprogramm Land neu zu. Dabei hing die Zustimmung zum Kolonisierungsprozess primär von der Akzeptanz des protestantischen Glaubens ab.

Nachdem ab 1607 die meisten katholischen Grafen die Insel fluchtartig verlassen hatten, galten die verbliebenen katholischen Landbesitzer als Sicherheitsrisiko. Jakob I. erließ 1609 für Ulster die Vorschrift, jeweils zehn englische protestantische Familien sollten ein Gebiet von der Größe von 1000 Morgen bewirtschaften und Haus und Hof wie kleine Festungen anlegen. Aus diplomatischer Rücksichtnahme auf die katholischen Mächte Europas verhielten sich er und sein Nachfolger Karl I. andererseits nicht so doktrinär, dass es keine Ausweichmöglichkeiten im Alltag gegeben hätte. Bis 1641 sollen fast 150 000 Neuengländer gezielt angesiedelt worden sein.

Die Besiedlung Ulsters war besonders durchgreifend, indem

hier bereits nach kurzer Zeit die gälische Bevölkerung nicht einmal mehr Land pachten durfte und schon zuvor von englischen und schottischen Pächtern verdrängt wurde, die längere Verträge mit weit besseren Bedingungen erhielten. Das betraf besonders die Grafschaften Armagh, Cavan, Coleraine, Down, Fermanagh und Tyrone. Und die Profite blieben nicht aus. Landbesitz in Irland zahlte sich im holländischen Holzhandel aus, während Vieh nach England exportiert wurde. Zugunsten des Aufbaus der englischen Marine (Royal Navy) wurde innerhalb weniger Jahrzehnte der Waldbestand Irlands massiv gerodet. So wandelte sich im Laufe des 17. Jahrhunderts auch das Erscheinungsbild der irischen Landschaft grundlegend.

Je stärker die Old English verdächtigt wurden, sich von England mental zu entfernen, umso ausgeprägter passten sie ihre Gebräuche, ihre Kleidung, Speisen, Freizeitgewohnheiten, kulturellen Vorlieben und sogar die Architektur ihrer Häuser stets von neuem den aktuellen Moden in England an. Der Rezeption der Kultur des Nachbarn ging dabei die Reflexion auf die eigene Rolle und Funktion im kolonialen Umfeld voraus. Diese Elite fuhr in Pferdedroschken vor, wenn sie Hof und Land ihrer Pächter begutachtete, nicht in Ochsenkarren, und sie ließ sich auf Familienfriedhöfen mit prächtigen Grabmalen bestatten, um ihre Bedeutung für den Ort ihres Wirkens zu unterstreichen. Einmal mehr erwies sich der lokale Raum als Prüfstein für die Effizienz der Anglisierung. Gelang diese, wurde auch der Katholizismus in Maßen toleriert.

Gelang sie jedoch nicht, kam es zum Krieg. In erster Linie von konfessionellen, weniger von kulturellen Faktoren bestimmt, zeigten sich Mitte des 17. Jahrhunderts die Gegensätze immer deutlicher. Als Thomas Wentworth, der spätere Earl of Strafford, als Statthalter in Irland zwischen 1633 und 1641 die Aufgabe in Angriff nahm, die ganze Insel zur königlichen Einnahmequelle zu machen, glaubte er, mit gemeinsamem, überkonfessionellem Widerstand rechnen zu müssen. Der aber stellte sich nicht ein. Denn einerseits erreichte die altgläubigen Old English die Nachricht, dass der König sie im Falle der Auflehnung nicht länger gegen ihre lokalen Gegner unterstützen würde. Auf der anderen Seite war die protestantische Oberschicht der New English, die als treue Royalisten und militante Antikatholiken im festen Glauben an ihre gesellschaftliche und ökonomische Sicherheit verankert war, mit einer anderen Bedrohung ihrer Existenz konfrontiert, nämlich der Herausforderung der Monarchie durch das Parlament.

Krieg

Der Bürgerkrieg zwischen den königstreuen und den parlamentarischen Parteien (1642–1649) ist eine der bedeutsamsten Wegscheiden der englischen Geschichte in der Frühen Neuzeit. Vergleichbares gilt für Irland, das mit der Rebellion von 1641 seinen eigenen Bürgerkrieg erlitt. Der konfessionelle Gegensatz zwischen dem etablierten, kolonialkirchlichen Protestantismus und dem radikal bekämpften «Papismus» war hier unüberbrückbar geworden. Das hatte sich auch nicht mit Wentworths misslungenem Versuch geändert, die Fronten durch die missionarische Öffnung der Staatskirche (Church of Ireland) in das Land hinein aufzubrechen.

Irland ähnelte in den 1640er Jahren dem Heiligen Römischen Reich Deutscher Nation zur Zeit des Dreißigjährigen Krieges in dem Ausmaß der Verwüstungen kleinerer Städte sowie in der Verachtung, mit der die religiösen Parteien einander begegneten. Insofern besaß die Insel ungeachtet der für sie spezifischen Probleme Gemeinsamkeiten mit dem kontinentalen Europa und war gleichermaßen Opfer einer übergreifenden Krise. Die Konföderation von Kilkenny im Oktober 1642 z. B. war eine parlamentsähnliche Zusammenkunft loyaler Katholiken, die sich hinter Karl I. stellte. Sie diente aber dem englischen König, nicht weniger als dem spanischen und dem französischen, letztlich nur als Hebel zur Mobilmachung neuer Truppen. Die Stadt Kilkenny war der Inbegriff eines monolithischen irischen Katholizismus. Nirgendwo sonst besaß die katholische Kirche vor dem Bürgerkrieg eine derartige Bastion gegen den Anglikanismus. Inwieweit die Konföderation eigenständig agierte und nicht vom päpstlichen Nuntius Giovanni Rinuccini manipuliert wurde, ist eine brisante Frage. Vieles spricht jedoch dafür, dass sie souveräner war, als sie von Europas Herrscherhäusern wahrgenommen wurde. Manches spricht aber auch dagegen, dass es sich hier um ein geeintes politisches Gebilde handelte. Der für Irland so typische Regionalismus und Partikularismus sowie die ethnischen Verschiedenheiten machten eine Einheit unter patriotischen Vorzeichen vorerst unmöglich.

Die Vermessung Irlands

William Pettys 1691 postum veröffentlichte Schrift *The Political Anatomy of Ireland* legt Zeugnis davon ab, wie aufmerksam der Freund von Thomas Hobbes die Umbrüche seiner Zeit wahrnahm. Karl Marx sah in ihm einen der Väter des modernen volkswirtschaftlichen Denkens. Schon 1655–1658 verfasste Petty im Auftrag Cromwells einen topographischen Überblick über die irischen Ländereien. Diese geographische, ökonomische und sozio-politische Vermessung Irlands ist wahrscheinlich die genaueste, die es von einem europäischen Land aus dem 17. Jahrhundert gibt. Auf ihrer Grundlage fanden umfassende Umverteilungen von Land statt. Alle am Aufstand 1641 beteiligten katholischen Priester und Landbesitzer sollten enteignet und die neutral verbliebenen Katholiken im Gegenzug kompensiert werden. Das schützte Letztere indessen nicht vor dem drastischen, wenn auch letztlich erfolglosen Versuch, die gesamte Insel zu evangelisieren. Cromwells Soldaten wurden, wie schon erwähnt, Höfe und Ländereien übertragen, während deren katholische Besitzer nach Connacht vertrieben wurden. Die Zahlen sprechen für sich: Am Ende der Tudor-Monarchie 1603 hatten noch 90% des Landes irischen Katholiken gehört. Als Folge der Besiedlungspolitik für Ulster war der Anteil um 1641 auf 59% reduziert worden. Als schließlich Jakob II. 1685 den englischen Thron bestieg, waren nur noch 22% des Landes in katholischer Hand – 100 Jahre später sollten es lediglich 5% sein. 1687 schätzte Petty die Gesamtbevölkerung Irlands auf ungefähr 1,3 Millionen. Davon lebte die überwiegende Mehrheit auf dem Land, war u. a. in der Woll- und Leinenproduktion beschäftigt und wendete den Großteil ihres Einkommens für die Bezahlung der Pacht auf. Unter diesen Umständen gab es kein Entkommen aus der prekären Armut. Sie barg neben der politischen Instabilität für die Grundbesitzer ein weiteres unkalkulierbares Risiko, das durch Rezessionen noch gesteigert wurde: Ernteausfälle zogen Pachtausfälle nach sich, und diese wiederum gefährdeten den Außenhandel. Schlimmer noch waren die Hungersnöte, die schwache Ernten verursachen konnten. War der Export irischer Waren fast ausschließlich auf England beschränkt, so entschärfte sich dieses Problem auch nicht durch die englische Erschließung des atlantischen Kolonialhandels, weil dieser Irlands Abhängigkeit vom transnationalen Wirtschaftssystem des jungen Kolonialreichs nur umso deutlicher illustrierte.

Von der Pacht profitierten Mittelsmänner, die Church of Ireland und eine kleine landbesitzende Elite, die ihren Wohlstand in prächtigen sogenannten Big Houses zur Schau trug. Diese soziale Minderheit brachte einen grundsätzlich anderen ethnischen, kulturellen und religiösen Hintergrund mit als die gälisch-katholische Bevölkerungsmehrheit – ganz gleich, ob sie sich als Nachkommen der anglo-normannischen oder der englischen Siedler aus der Zeit Elisabeths I. betrachteten. Die politisch Ambitionierten unter ihnen besaßen einen Zweitwohnsitz in Dublin, das um 1690 etwa 60 000 Einwohner zählte und im Schloss den Sitz des englischen Statthalters beherbergte. Mit ihm in regelmäßigem Kontakt zu stehen, war entscheidend für das politische Fortkommen. Als blühende Seehäfen waren hingegen nur Cork und Limerick wettbewerbsfähig.

Aus europäischer Perspektive hatte Irland sich zu einem auf Dublin hin zentralisierten, doch von England komplett abhängigen Königtum entwickelt. Petty beschrieb, wie sich in dieser Zeit das Erscheinungsbild Dublins veränderte und wie die Provinzhauptstadt parallel zu London urbaner und wohlhabender wurde. An ihrer frühgeorgianischen Architektur, den Anlagen von St. Stephen's Green und Merrion Square, am Royal Hospital und dem Custom's House, sind auch die Ansprüche der Stadtplaner abzulesen, durch Eleganz die Eigenbedeutung der

Stadt zu unterstreichen. Zwar konnte das Trinity College mit den Universitäten von Oxford und Cambridge noch nicht konkurrieren, sofern es galt, durch höhere Bildung politische und kulturelle Konformität zu bewirken; noch wurde es, wie z. B. von den Schriftstellern William Congreve und George Farquhar, nur als Zwischenstation benutzt. Aber es war lediglich eine Frage der Zeit, dass diese Wahrnehmung korrigiert wurde. 1704 verbot ein Gesetz den irischen Katholiken, Land zu kaufen oder durch Heirat zu erwerben. Das wenige bei katholischen Familien verbliebene Land wurde durch erzwungene Erbteilung automatisch immer kleiner und zerstreuter, es sei denn, ein Erbe konvertierte zum Protestantismus: In diesem Fall wurde ihm das ganze Land übertragen. Geleitet war dieses Programm von der Idee, flächendeckend materielle Armut unter den Katholiken und in ihrer Folge auch Bildungsarmut zu schaffen.

Zwei Kulturen

Der Fluss Shannon markierte fortan die Grenze zwischen den Kulturen, zwischen Westen und Osten. Eine andere Barriere bildete das Gälische, das auch ein Grund für das Scheitern der protestantischen Missionierung war. Denn die protestantischen Geistlichen konnten sich an die Mehrheit der Iren nicht in deren eigener Sprache wenden. Nirgendwo war Irland in der zweiten Hälfte des 17. Jahrhunderts kulturell und religiös stärker polarisiert, nirgendwo wurden die englische Herrschaft und der Widerstand gegen sie brutaler praktiziert als in Connacht, jener Provinz, in der katholische Priester und Barden den Mythos erfanden, einst werde die gälische Nation wieder an das angeblich geeinte Mittelalter anknüpfen und auferstehen.

Um Irland in das konfessionelle Korsett von Cromwells Siedlungspolitik zu zwängen, fehlte es allerdings an Zeit. Der Plan scheiterte schon allein daran, dass sich nach Abflauen der kriegerischen Auseinandersetzungen und noch vor Cromwells Tod 1658 abzeichnete, dass sich die Republik in England nicht lange würde halten können. Die Restauration der Monarchie war absehbar, und so hatten die Konfiszierungen von irischem Land unter Cromwell die Insel nicht nur in Sieger und Besiegte geteilt: Ihre Nutznießer standen nun im Verdacht, keine loyalen Royalisten zu sein.

Eine Vermittlerrolle zwischen der protestantischen Oberschicht Irlands und der englischen Monarchie übernahm in dieser Zeit James Butler, Herzog von Ormond. Der persönliche Vertraute von Karl II. sorgte dafür, dass die bestehenden Besitzregelungen nicht revidiert wurden, aber die Verfolgung der Katholiken ein Ende nahm. Bis 1690 konnte der Katholizismus sich in Irland als Volksreligion erholen, und in weite Teile der Insel remigrierte der Klerus, der in Frankreich und den katholischen Ländern Südeuropas vorübergehend Zuflucht gefunden hatte. Als 1685 mit Jakob II. ein katholischer König den englischen Thron bestieg und die Geburt seines Sohnes die Fortsetzung einer katholischen Dynastie in England möglich machte, wählte auch er einen Vertrauten, der die Geschicke Irlands maßgeblich bestimmen sollte.

Richard Talbot, Statthalter in Irland und Herzog von Tyrconnell, versuchte innerhalb kurzer Zeit, politische Schlüsselpositionen wieder mit Katholiken zu besetzen, ein katholisches, allein Jakob II. verpflichtetes Parlament einzuberufen und sogar ein stehendes Heer zu installieren. Das Ziel war, die protestantische Oligarchie durch eine katholische zu ersetzen, die Position des katholischen Klerus zu sichern, den Handel von englischen Beschränkungen zu befreien und einen Einfuhrstopp auf englische Kohle zu verhängen. Jakob II. hatte indes keineswegs vor, Poynings' Gesetz zu revidieren oder eine parlamentarische Herrschaft in Irland einzurichten, also jenen Hoffnungen zu entsprechen, die man auf der Insel in ihn gesetzt hatte.

Die Katholiken waren dadurch desillusioniert und meinten, der König trage einen englischen und einen irischen Schuh. Für die Protestanten im Land rief dies wiederum Erinnerungen an die Rebellion von 1641 wach. Folgerichtig widersetzten sich protestantische Städte in Ulster wie Armagh und Enniskillen der Autorität der katholischen englischen Krone. Sie boten sich stattdessen der Armee Wilhelms von Oranien an, damit die Errungenschaften der Glorreichen Revolution von 1688 in England – die Stabilisierung des konstitutionellen Monarchismus und des politischen Protestantismus – endgültig auch in Irland durchgefochten würden.

Dies geschah dann auch in der Schlacht am Fluss Boyne im Juli 1690. Diese Schlacht zwischen den Häusern Stuart und Oranien gehört zu den berühmtesten und symbolträchtigsten in der Geschichte der Britischen Inseln. Bis zum heutigen Tag wird sie von den nordirischen Protestanten in Belfast auf ihren «Orange Parades» gefeiert. Sicherlich zählt die Schlacht auch zu den folgenreichsten, denn sie ebnete der Ascendancy des 18. Jahrhunderts den Weg zu ihrer Vorherrschaft. Erneut trafen europäische Interessen aufeinander, allerdings ohne konfessionelle Rücksichten. Das Heilige Römische Reich und Spanien verbündeten sich mit Wilhelm, der Papst verhehlte nicht seine Kritik an dem mit Jakob II. verbündeten Frankreich, und beide Seiten engagierten internationale Truppen, in denen auch Niederländer und Dänen dienten.

Noch vor der militärischen Entscheidung überließ der Exkönig Jakob seinem Truppenführer Tyrconnell die Hinnahme der Niederlage der irischen Katholiken und floh ins französische Exil, an den Hof Ludwigs XIV. Nach dem Krieg folgten ihm fast 11 000 Mitglieder der katholischen Oberschicht der Old English, darunter viele Offiziere. Der Friede von Limerick 1691 war ein milder Kompromiss, der Religionsfreiheit in Maßen garantierte, wenngleich diese nicht realisiert wurde. Er sollte Wilhelm den Rücken freihalten, damit er seine Truppen in Flandern gegen die Franzosen stationieren konnte. Aus Sicht der englischen Krone war Irland wieder einmal nur Nebenschauplatz. Denn militärisch, politisch und ökonomisch musste der irische Katholizismus sich nun vollständig geschlagen geben. In seiner kulturellen und religiösen Dimension aber blieb er eine Sache der großen Bevölkerungsmehrheit, die keine Stimme besaß. Diese Diskrepanz bildete den entscheidenden Grund, aus dem Irlands Weg in die Moderne anders als der des übrigen Europas verlief.

III. Das protestantische Irland 1691–1800

Das protestantische Irland des 18. Jahrhunderts war die in politischer, sozialer, wirtschaftlicher und kultureller Hinsicht elitäre Welt der Ascendancy. Geprägt hat diese Welt ihre Zivilisierungsmission. Ihrer inneren Abgeschlossenheit stand die Öffnung der Insel für Einflüsse aus Europa und Amerika gegenüber. Im Inneren allerdings hatte die Bindung des Zivilisationsgedankens an die protestantische Konfession eine Verstetigung der alten Konflikte zur Folge.

Am Anfang der Epoche stand William Molyneux, am Ende Edmund Burke – zwei am Trinity College Dublin sozialisierte Intellektuelle, für die Zivilisation, der Kernbegriff dieses Kapitels, eine außerordentliche Bedeutung besaß. Molyneux, Freund von John Locke und Gründer der Dublin Philosophical Society, trat 1698 mit einer bahnbrechenden Streitschrift an die Öffentlichkeit, *The Case of Ireland's being Bound by Acts of Parliament in England Stated*. Sie wurde zu einem konstanten Referenzpunkt des irischen Kulturprotestantismus. Zivilisation war hier ein übergeordneter Begriff für kluge Herrschaft, der nicht nur der englischen Kontrolle über Irland, sondern auch dem neuartigen Patriotismus in Irland Rechnung tragen sollte. Es war ein Versuch politischer Eigenständigkeit im Kontext imperialer Verbindlichkeiten.

In einem komplizierten Prozess stabilisierte sich das protestantische Irland in der Epoche zwischen Glorreicher Revolution 1688 und der Union mit Großbritannien 1801 im Inneren und öffnete sich zugleich politisch nach außen. Der Einfluss des Amerikanischen Unabhängigkeitskrieges auf die irische Politik signalisierte Bruchzonen des Britischen Empires, auf die Burke in seinen staatstheoretischen Abhandlungen wiederholt hinwies. Im britischen imperialen Koordinatensystem befand sich

Irland in der Mitte zwischen Amerika und Indien. Burke widmete sich diesen drei Räumen imperialer Herrschaft, um am Beispiel des Großereignisses seiner Zeit, der Französischen Revolution, auf die Gefahren politischer Instabilität und zivilisatorischen Chaos hinzuweisen.

Die protestantische Ascendancy

Der irische Kolonialnationalismus, das Bewusstsein, eine eigene Nation zu bilden, erfuhr durch Molyneuxs Buch einen maßgeblichen Anstoß. Molyneux versuchte nachzuweisen, dass Englands Herrschaftsanspruch über Irland Grenzen nicht der monarchischen Souveränität, wohl aber der parlamentarischen Rechtsprechung habe. Ein unabhängiges irisches Parlament könne allerdings nicht mit Rebellion erkämpft werden, wie es die Katholiken versuchten, sondern müsse mit ähnlichen Argumenten erstritten werden, auf die die Engländer sich unlängst in der Bill of Rights (1689) geeinigt hatten. Man verpflichtete sich gewissermaßen zu einer doppelten Loyalität gegenüber der englischen Krone und der irischen Nation. «Patriotisch» daran war die Selbstwahrnehmung der Protestanten als einzig legitime Vertreter der Nation dank ihrer angeblichen zivilisatorischen Überlegenheit sowie ihrer Rolle in der Geschichte der Kolonisation Irlands.

Die Geschwindigkeit, mit der die Katholiken 1685 die Macht zurückerobert hatten, war unter den Protestanten nicht vergessen und nach wie vor gefürchtet. Der Dubliner Erzbischof William King machte das in seiner Rechtfertigung der Prinzipien der Glorreichen Revolution unmissverständlich klar. 1691 veröffentlichte er die Streitschrift *State of the Protestants of Ireland under the Late King James's Government*, eine anglikanische Bastion gegen die katholische und die presbyterianische Glaubenskonkurrenz, aber auch ein Einspruch gegen die englische Bevormundung bei der Vergabe von Kirchenämtern und für eine selbstbewusste Stellung der Church of Ireland. Kings Vorgänger Narcissus Marsh erkannte die Bedeutung des Theologiestudiums für die politische Kultur und schuf 1701 die erste öffentliche Bibliothek Irlands, Marsh's Library. Mit über 25 000 Büchern wurde diese Bibliothek gleichsam zu einer Verteidigungsanlage des irischen Protestantismus. So hatte diese nicht unproblematische Position gleichwohl positive Auswirkungen auf das Geistesleben der Ascendancy im Ganzen.

Unter «Ascendancy» war eine soziale, professionelle Elite zu verstehen, die sich über ihre exklusive Zugehörigkeit zur Staatskirche definierte. Wie der Zeitgenosse Richard Cox in *Hibernia Anglicana* (1689) beobachtete, konnten dazu Familien mit normannischen Wurzeln ebenso wie die New English gehören und auch Siedler aus der Zeit Cromwells, solange man sich auf den kleinsten gemeinsamen Nenner des vorbehaltlosen Antikatholizismus einigte. Somit war die Ascendancy nicht ethnisch definiert, sondern eine soziale Schicht mit politischen Zukunftsvorstellungen, deren Identität sich zugleich aus der Vergangenheit mit geschichtsmächtigen Schlüsseldaten speiste. Der Bischof von Cloyne, George Berkeley, Autor des *Treatise Concerning the Principles of Human Knowledge* (1710) und des *Querist* (1735), brachte das auf den Punkt, als er die Isolation der anglo-irischen Ascendancy als Ausweis ihrer Individualität pries.

Soziale Unsicherheit hatte einen wesentlichen Anteil am Bedürfnis der Ascendancy nach politischer Dominanz sowie der Verteidigung ökonomischer Privilegien. Protestantische Familiendynastien, ein kultureller und wirtschaftlicher Elitismus, die Besetzung politischer und administrativer Schlüsselpositionen, die Architektur prächtiger Landhäuser als Symbol sozialer In- und Exklusion, die persönliche Identifikation mit dem Land und seiner Erinnerungskultur – selbstbewusster konnte sich eine Minderheit in keinem anderen von England abhängigen Land zeigen, sieht man vom frühkolonialen Virginia und dem Selbstwertgefühl der Siedlerbewegung in Amerika ab. Längerfristiger Erfolg war diesem Dominanzstreben 1782 im protestantisch kontrollierten Parlament von Henry Grattan beschieden. Kurzfristig aber wurde es von Jonathan Swift literarisch verarbeitet. Noch vor der englisch-schottischen Realunion von 1707 verfasste er seine dann 40 Jahre später gedruckte *Story of the Injured Lady* (1746), eine Aufforderung zur Emanzipation und Gleichstellung Irlands mit England. Ob Swifts Schriften deshalb als Kritik an Englands kolonialer Zivilisierungsmission gedeutet werden können oder als Ausdruck einer romantisch-liberalen Humanität, ist offen. Er war wohl weder ein Antikolonialist noch ein Proto-Nationalist, sondern vor allem ein bissiger Satiriker.

Der Katholizismus übersah genau wie der Protestantismus, dass es neben ihnen noch eine dritte Kraft gab, nämlich die der religiösen Nonkonformisten, der «Dissenters», wie z.B. der Presbyterianer und der Quäker. Diese wurden von sämtlichen staatlichen Ämtern ausgeschlossen, wogegen sie mit der Begründung protestierten, sie hätten 1688 an der Niederlage des Katholizismus mitgewirkt. Swift dagegen argumentierte in *The Presbyterian's Plea of Merit*, dass der religiöse «Dissent» sich stets auf die Seite schlage, von der er als Minderheit am meisten Entgegenkommen erwarten könne. Das mache ihn im Ergebnis unglaubwürdig und unberechenbar.

In der konfessionellen Vielschichtigkeit lag trotz aller Konflikte ein intellektueller und ästhetischer Reiz des irischen 18. Jahrhunderts. In das europäische Irlandbild zur Zeit des Ancien Régime flossen unterdessen stereotype Eindrücke ein, so etwa in Diderots und d'Alemberts *Encyclopédie*, wo Irland eine «extreme Dekadenz» zugeschrieben wurde. Mit Verweis auf England sparte auch Voltaire nicht mit Kritik an der Staatskirche, bescheinigte aber dem Pluralismus der Religionen eine kulturelle Bedeutung: «Wenn es in England nur einen Glauben gäbe, müsste man Despotismus fürchten; gäbe es zwei, schnitten sie sich die Hälse ab; aber es gibt dreißig davon, und sie leben glücklich und in Frieden.» Was Voltaire zufolge für England galt, war auch in Irland in Maßen möglich. Intoleranz gegenüber dem religiös Anderen war kein gutes Rezept zur Befriedung des Nachbarn.

Infolgedessen lässt sich als ein Merkmal der ersten Hälfte des 18. Jahrhunderts die ambivalente Stellung der Ascendancy festhalten, die sich noch für Arthur Youngs Reiseeindrücke *A Tour in Ireland* (1780) als prägend erweisen sollte. Als gesellschaftliche Minderheit beanspruchte die Ascendancy eine kulturelle und politische Deutungshoheit, die sie als natürliches wie historisches Recht zu behaupten suchte. Gleichwohl schien sie konstant in Frage gestellt zu sein, weil zu erwarten war, dass das englische Parlament dem Druck nach Liberalisierung der antikatholischen Gesetzgebung irgendwann nachgeben würde. Aus dieser fragilen politischen Stellung der Ascendancy erklärt sich, dass ihr Konzept von Zivilisation zum einen den Anspruch auf parlamentarische Repräsentation und zum anderen die kulturprotestantische Mission umfasste.

Die argumentative Legitimationsbasis bildeten die Prinzipien der Glorreichen Revolution von 1688. Konservative Zweige der Ascendancy, die sich in der Tradition von Swifts anglophoben *Drapier's Letters* als «Tories» bezeichneten, einte die einmalige Kombination aus kompromisslosem Protestantismus und einer zynischen Distanz zur Übernahme des englischen Throns durch die Hannoveraner 1714. Bis zur endgültigen Niederschlagung der Jakobiten, der Anhänger Jakobs II., im Jahr 1745 war nicht auszuschließen, dass die Katholiken die Stuart-Dynastie wiederherzustellen versuchten. Ein stehendes protestantisches Heer von über 15 000 Mann sollte innere Stabilität und äußere Abwehr der Franzosen garantieren. Es wurde durch die vielen Kasernen auch visuell präsent. Jegliches politisches Zugeständnis an die Katholiken, welches den irischen liberalen Whigs akzeptabel erschien, war daher fürs Erste undenkbar.

Politisches und kulturelles Leben

Die Tories spalteten sich in Theoretiker wie Molyneux und Swift auf der einen und Praktiker wie Charles Lucas auf der anderen Seite. Lucas war ein Vertreter der radikalen, sich selbst als Patrioten bezeichnenden Fraktion, die die Dubliner Bevölkerung in Kundgebungen aufwühlte und eine beschränkte politische Agitation allmählich zum städtischen Alltag machte. Im Jahr 1744 schrieb er *Divelina Libera. An Apology for the Civil Rights and Liberties of the Commons and Citizens of Dublin*, eine Schrift, für die ihn die englische Regierung vier Jahre später verhaftete. Dabei lag die umkämpfte Herrschaft noch nicht auf der Straße. Es ging vielmehr um die Abwehr von englischen Mittelsmännern und deren Versuch, stärkeren Einfluss auf das lokale und regionale Leben zu nehmen. Außerdem war das Parlament käuflich geworden. Im Oberhaus saßen anglikanische Bischöfe, im Unterhaus Regierungsbeamte und Grundbesitzer, die ihre angeblichen Wahlbezirke nach dem gleichen System besetzten, nach dem sie das Land in diesen Bezirken besaßen. Es beschränkte sich auf eine überschaubare Anzahl führender und wohlhabender Familien. Seit der Thronbesteigung Georgs III. 1760 war zudem zu beobachten, wie der Hof die Stellung des Vizekönigs in Dublin stärkte und z. B. mit George Townshend einen Vertreter installierte, der durch seine erstmalig dauerhafte Präsenz zwischen 1762 und 1772 einen konzentrierten Machtfaktor im Dubliner Schloss schuf. Das politische Geschäft wurde dadurch noch komplizierter.

Ihre Herrschaft zu sichern und Garantien für sich selbst zu schaffen, bildete entsprechend ein wichtiges Anliegen der irischen Oberschicht. Dieses Ziel konnte auf unterschiedlichen Wegen verfolgt werden. Nicht unterschätzt werden sollte dabei die Macht der Gesetze, der Gebräuche, der Geschichte und nicht zuletzt der Sprache. Letzterer schrieb später der schottische Dichter Walter Scott die Kraft der Zusammenführung von Normannen und Angelsachsen zu und sah in ihr die Basis für die Einigung der Britischen Inseln. Die mächtigen Familien, darunter die Fitzgibbons und die Hely-Hutchinsons, waren nicht allein tonangebend in diesem Prozess. Von nicht geringerer Bedeutung war das Leistungsethos einer privilegierten Mittelschicht aus gehobenem Handwerk und Kaufmannschaft. Ihre Ambivalenz bestand darin, dass sie gewöhnlich den Großteil ihres Lebens in Irland verbrachte, aber eigentlich stets auf eine politische Laufbahn in England spekulierte.

So thematisierte Jonathan Swift, einer der wirkmächtigsten Vertreter der Ascendancy in der ersten Hälfte des 18. Jahrhunderts, in seinen Schriften wiederholt seine Enttäuschung über seine unvollendete Karriere als Dekan der Dubliner St. Patrick's-Kathedrale. Seine politischen Ambitionen ließen sich nicht mit seinem literarischen Ansehen vereinbaren. Noch vor dem Welterfolg von *Gulliver's Travels* (1726) engagierte Swift sich gegen die Einfuhr englischer Fertigwaren nach Irland und gegen das Prägen königlicher Halfpenny-Münzen; später schrieb er in einigen bitteren Satiren gegen die verbreitete Armut an. Dieses Leitthema fand auch in seiner *Short View of the State of Ireland* (1728) Niederschlag, in der Swift die Einzigartigkeit der irischen Armut betonte, die stark von äußeren Faktoren beeinflusst sei. Sein *Modest Proposal* (1729) war ein zynischer Vorschlag an wohlhabende Engländer, die unzähligen Kinder der Armen Irlands zu erwerben und für den Kannibalismushandel zu verkaufen. Ein oft bemühtes Klischee lautete in dieser Zeit, der einzige Reichtum Irlands seien seine Menschen. Den jüngsten unter ihnen sollte in Findel- und Arbeitshäusern geholfen werden. Das berühmteste davon, das Waisenhaus in der Dubliner James Street, beherbergte zeitweise über 300 verstoßene Kinder. Doch allein die hygienischen Verhältnisse in den Kinderheimen waren so katastrophal, dass ein Großteil nicht überlebte.

Bereits nach seiner Anklage der religiösen Heuchelei in *Tale of a Tub* (1704) hatte Swift nicht mehr ernsthaft mit seiner Berufung auf einen attraktiven Posten in der englischen Hochkirche rechnen können. Fortan war er, exemplarisch für die Mittelstellung der Ascendancy, zu politischer Ohnmacht verdammt. Kompensation suchte diese Schicht auf dem Feld der Architektur. Dieses Leitmotiv der irischen Kulturgeschichte lässt sich vom Klassizismus Dublins in den Four Courts und dem Custom House (1791) bis zum Bau des monumentalen Belfaster Parlaments im Vorort Stormont (1932) nachvollziehen. Schon 1729 verewigte sich der irische Architekt Edward Lovett Pearce mit dem Entwurf des eindrucksvollen Parlaments am Dubliner College Green, das zehn Jahre später von Arthur Dobbs fertiggestellt wurde. Absichtlich prachtvoller gestaltet als das Parlament in London, trägt dieses Gebäude im Herzen der Stadt Züge der italienischen Baukunst.

Daneben wurden in Dublin Straßen begradigt und Plätze angelegt wie z. B. St. Stephen's Green und Merrion Square sowie einer der größten Parks Europas, der Phoenix Park an der nordwestlichen Stadtgrenze. Unter idealen wirtschaftlichen und politischen Rahmenbedingungen wurde das georgianische Dublin für ein selbstbewusstes Bürgertum großzügig mit vornehmen Wohnsitzen ausgebaut, die durchweg mit drei Vollgeschossen und einem Halbgeschoss ausgestattet waren. Prachtstraßen wie die Gardiner Street schufen eine enge Verbindung von herrschaftlichen Wohnlagen mit Hauptgeschäftszentren, die im 19. Jahrhundert um das Nationalmuseum, die Nationalgalerie und die Nationalbibliothek bereichert wurden. Für die zweitrangige Kirchenarchitektur Dublins entschädigte das Trinity College mit seiner Anlage, in der sich Bibliothek und Universitätskapelle, Wissen und Glauben, auch architektonisch ergänzten.

Im literarischen Leben dieser Zeit glänzte Richard Sheridan, Autor des berühmten Schauspiels *The School for Scandal* (1777), der für die Autonomieansprüche der amerikanischen Kolonien und für die Abschaffung des Sklavenhandels eintrat. Ein Höhepunkt im Musikbetrieb war die Uraufführung von Georg Friedrich Händels *Messias* unter der persönlichen Leitung des Komponisten am 13. April 1742 in der Dubliner Neals Music Hall – ein gesellschaftliches Ereignis sondergleichen. Die Einnahmen spendete Händel wohltätigen Zwecken, vor allem Krankenhäusern und Einrichtungen zur Unterstützung von Sträflingen.

Kolonialer Nationalismus und geistiges Leben

Auf den Punkt gebracht, ist der koloniale Nationalismus als doppelte Abgrenzung von den gälischen Iren und jenen anglo-irischen Grundbesitzern zu verstehen, die überwiegend in England lebten und als «Absentees» bezeichnet wurden. Die Widersprüchlichkeit und Exklusivität, die dem Begriff innewohnten, lösten sich auf, sobald man neu definiert hatte, was eigentlich «Irischsein» bedeutete. Anders als noch im 17. Jahrhundert begriffen sich seit ungefähr 1720 auch diejenigen als irische Gentlemen, die nur 30 Jahre früher noch als «die Protestanten Irlands» bezeichnet worden waren. Zahlenmäßig und in ihrem gesellschaftlichen Einfluss waren sie von größerer Bedeutung als die «Absentees».

Der in Anlehnung an die Londoner Royal Society zunächst gegründeten Dublin Philosophical Society folgte 1731 die Dublin Society, die sich wie ihre Vorgängerin mit naturwissenschaftlichen Projekten, mit Landwirtschaft und Architektur befasste. Die Royal Irish Academy, gegründet 1785, widmete sich dagegen den schönen Künsten und der Literatur und war eine Antwort auf das steigende Interesse an der irischen Vergangenheit und der damals einsetzenden Altertumsforschung. Sowohl die schöne Literatur (Goldsmith, Sheridan) als auch die politische (Burke) erlebten eine Blüte und bezeugten, wie produktiv der Kampf um die legislative Unabhängigkeit für die Entwicklung der Kultur war.

Auch im literarischen Bereich lag das intellektuelle Leben Irlands im 18. Jahrhundert in den Händen der Protestanten. Lese- und schreibkundig war nur eine verschwindend kleine Minderheit. Weder der Staat noch die Kirchen engagierten sich spürbar im Schulwesen. Wenn von Grundbesitzern vereinzelt dörfliche Schulen eingerichtet wurden, dann eher zum Zwecke der Disziplinierung und der Unterrichtung in praktischen Fähigkeiten als im Interesse der Bildung. Daher wurde dem Erziehungswesen, in kolonialen Gesellschaften traditionell ein Herrschaftssymbol, auf breiter katholischer Front großes Misstrauen entgegengebracht.

Den ersten Zeitungen und Magazinen, der *Dublin Gazette* (1706) und dem *Dublin Journal* (1725), folgten bis 1760 über 160 weitere Zeitungen, von denen allerdings nur ein Drittel länger als ein Jahr überlebte. Sie waren ein Spiegel der Exklusivität und des Konservatismus der Dubliner Gesellschaft. Anders als in vielen englischen und europäischen Provinzstädten erreichte die irische Presse das umliegende Land kaum. Sie blieb ein Dubliner Phänomen, war stark auf den Anzeigenmarkt ausgerichtet und überließ die politische Bildung und die Nachrichten der nach wie vor blühenden Pamphletliteratur. In einer Stadt wie Dublin mit seinen gegen Ende des 18. Jahrhunderts 180 000

Einwohnern fand sie ausreichend Abnehmer, ebenso wie in der zweitgrößten irischen Stadt, Cork (80 000 Einwohner).

Das katholische Irland

Die protestantische Dominanz war nicht identisch mit einer vollständigen Abstinenz der Katholiken. Im Gegenteil. Die Strafgesetze gegen die katholische Bevölkerung, sosehr sie die englische Willkürherrschaft illustrierten, warfen ein zwar weites, jedoch kein dichtes Netz politischer, sozialer und ökonomischer Verordnungen über Irland aus.

Katholiken sollten von fast allen Bereichen des öffentlichen Lebens ausgeschlossen bleiben. Schon seit 1690 mussten die irischen Parlamentsabgeordneten in London einen Eid gegen die päpstliche Suprematie leisten, und 1704 verloren die Katholiken weitgehend alle Erb- und Pachtrechte. Seit 1729 besaßen selbst Grundbesitzer kein Wahlrecht mehr. Fortan war die öffentliche politische Meinung eine ausschließlich protestantische Angelegenheit.

Nischen ergaben sich gleichwohl, nicht zuletzt im ökonomischen Leben. Katholiken war es durchaus möglich, sich bis in die Mittelschichten hochzuarbeiten. Da die Strafgesetze vornehmlich eine Fortsetzung des antijakobitischen Verfolgungswahns seit dem späten 17. Jahrhundert waren und die jakobitische Gefahr seit 1745 gebannt war, entspannte sich das Verhältnis zwischen Protestanten und Katholiken seit den 1760er Jahren deutlich. Die berüchtigten Vorgaben, kein Katholik dürfe eine Waffe besitzen und keiner ein Pferd, das mehr als fünf Pfund wert sei, waren in der Praxis kaum durchsetzbar. Sie waren eher dazu geeignet, dem System der Gesetze eine einheitliche Gestalt zu verleihen. Dennoch wurden aus den konfessionellen Barrieren mit der Zeit soziale Identitäten. Denn die relative Liberalisierung des Alltags war nicht gleichbedeutend mit Toleranz oder Integration.

Die Befürworter für diese Abgrenzung fanden sich nicht in London oder im Dubliner Schloss, sondern unter den irischen Protestanten selbst. Deren Furcht, die englische Politik behandele das katholische Irland zu nachgiebig, war nicht unbegründet. Die demographischen Fakten sprachen für sich: Mehr als drei Viertel der Bevölkerung Irlands waren in der ersten Hälfte des 18. Jahrhunderts katholisch, doch weniger als 14% davon besaßen Land. Anzeichen für eine tiefer greifende Institutionalisierung des Katholizismus in der irischen Gesellschaft gab es schon um 1750, als an verschiedenen Orten Priesterseminare eingerichtet wurden. Die Gründung von Maynooth westlich von Dublin 1795 bildete einen konsequenten Höhepunkt dieser Entwicklung mit zwei Stoßrichtungen: Zum einen wollte man eine gesellschaftliche Neufundierung des Katholizismus erreichen, zum anderen aber suchte man, sich gegen den traditionellen, insbesondere auf dem Land und westlich des Shannon übermächtigen Altkatholizismus abzugrenzen. Politisch wirksam wurden diese Ansätze aber erst seit Beginn des 19. Jahrhunderts. Vorerst behielt die protestantische Elite in allen politischen Dingen die Oberhand. «Wer trägt dafür die Verantwortung, dass das arme Irland weiterhin arm bleibt?», fragte Bischof Berkeleys *Querist*.

Wirtschaft und Handel

Ernteausfälle verursachten in den Jahren 1728/29, 1740/41, 1744/45 und 1756/57 Krisen und Hungersnöte. Die Gesetze gegen den Export irischen Viehs nach England (1663, 1666) sowie irischer Wollwaren ins Ausland generell (1699) hatten zwar längst ihre Wirkung eingebüßt. Dennoch blieb das katholische Irland vor allem aufgrund von Kapitalmangel und Rohstoffarmut rückständig. Von englischer Seite verhängte Handelsembargos waren der politischen Tageslage geschuldet und auch für die Engländer eine zweischneidige Sache. Z. B. war die Royal Navy der größte Abnehmer von irischem Rindfleisch, das zu einem imperialen Handelsgut wurde, je mehr England in Übersee investierte und je stärker sich auch katholische Iren in imperialen Außenposten engagierten. Zwischen 1730 und 1780 suchten immer mehr Katholiken ihr Glück im Handel mit der Neuen Welt, und immer mehr siedelten sich in Pennsylvania an. Produkte wie Weizen, Tabak, Rum und Zucker kamen von dort aus über Irland nach Europa. Doch je selbstständiger die amerikanischen Kolonien wurden, umso stärker profitierten vor allem sie und nicht Irland vom internationalen Handel.

Ab dem 18. Jahrhundert sind für Irland zeitgleich ein starkes Bevölkerungswachstum und eine steigende Immigration zu verzeichnen. Um 1700 besaßen ungefähr 27% der Bevölkerung Irlands einen englischen oder schottischen Hintergrund, während dieser Anteil um 1600 noch bei lediglich 2% gelegen hatte. Zwischen dem späten 17. und dem frühen 19. Jahrhundert konnte kaum ein europäisches Land derartig hohe Zuwachsraten seiner Bevölkerung aufweisen. Hatte Frankreich um 1600 noch eine fast 20-mal so große Bevölkerung wie Irland, so war sie im Jahr 1841 nur noch viermal so stark. Schottlands Bevölkerung, ursprünglich in etwa gleich groß wie die der Nachbarinsel, betrug um 1800 nur etwa ein Drittel der Bevölkerung Irlands. Die Einwohnerzahl nahm hier alle zehn Jahre um ungefähr 15% zu, von 3,75 Millionen im Jahr 1788 stieg sie bis 1821, dem Jahr des ersten Zensus, auf 6,8 Millionen. Die Ursachen für diese Entwicklung waren vielfältig, ein frühes Heiratsalter mag dazu beigetragen haben.

Bedeutsam war neben der intensivierten Landwirtschaft, der Nutzbarmachung von Heide- und Moorland und der Schaffung neuer Bauernhöfe durch Teilung des Landes in kleinere Parzellen sicherlich die Tatsache, dass die Kartoffel zum wichtigsten Grundnahrungsmittel geworden war. Da der Kartoffelanbau selbst auf landwirtschaftlich wenig ergiebigen Böden betrieben werden konnte, wurde er zum Markenzeichen der ärmsten Mitglieder der Agrargesellschaft. Damit änderte sich auch die Siedlungsstruktur des ländlichen Raumes grundlegend. Die seit dieser Zeit typischen Wallhecken hegten die einzelnen Parzellen ein und schufen das bis heute für Irland charakteristische Landschaftsbild von relativ kleinen Nutzflächen und Gutshöfen. Dieses Muster von Einzelhofsiedlungen, das letztlich auf keltische Traditionen zurückgeht, wurde im 18. Jahrhundert durch ein dichtes Straßen- und Wegenetz perfektioniert. Die Kartoffel wurde hier in großen Mengen angebaut, aber nicht exportiert, sondern mit Milch, Fisch, Gemüse, Schinken und Fleisch vor Ort verzehrt. In Ulster rückte Porridge für die täglichen Mahlzeiten in den Mittelpunkt, im Süden gewann Schweinefleisch an Bedeutung. Demgegenüber hatte die noch im 17. Jahrhundert so allgegenwärtige Butter ihre Stellung eingebüßt.

Wenn europäische Irlandreisende Berichte schrieben, so richteten sie ihr Augenmerk häufig auf die Essgewohnheiten. Im Unterschied zu den meisten europäischen Ländern waren diese in Irland weniger beständig und hingen stark vom Außenhandel ab. War ein Konsumgut wie z. B. die Butter erst exportfähig geworden, so löste seine Kommerzialisierung die Etablierung einer neuen Esstradition aus. So trat in Irland an die Stelle der gut exportierbaren Milchprodukte der Anbau des in Europa ausreichend vorhandenen Getreides – mit den fatalen Folgen einer einseitigen Ernährung. Die medizinische Versorgung war nach wie vor eine Frage des Geldes. Krankheiten wie Pocken und Typhus trafen die ärmeren Schichten besonders hart. Es gab noch keine Gesetze zum Schutz der Armen, sondern lediglich Arbeitshäuser, die meist als karitative Organisationen geführt wurden.

Wie im kulturellen bestand auch im ökonomischen Leben Irlands eine fast unüberbrückbare Diskrepanz zwischen West und Ost. Kerry, Connemara und Donegal waren unvergleichlich ärmer als die hochgradig anglisierten und kommerzialisierten Grafschaften Wexford oder Meath. Das ländliche Proletariat in den gälischen Provinzen litt unter schlechten Ernten unmittelbar. Hier führten Ernteausfälle direkt zu Hungersnöten, und hier wirkten sich Preisfluktuationen im europäischen Butterhandel besonders nachhaltig aus. Sofern die lokale Wirtschaft sich auf Monokulturen beschränkte, machte sie sich von äußeren Einflüssen abhängig. Die Schweinezucht wie der Kartoffelanbau, die anfällig für Krankheiten waren und nirgendwo so dicht betrieben wurden wie im Südwesten Irlands, illustrieren die Fragilität dieser Wirtschaftszweige. Um sie zu professionalisieren, wurde Anfang des 19. Jahrhunderts die Royal Agricultural Society in Dublin gegründet.

Umgekehrt aber konnten eine höhere Nachfrage nach landwirtschaftlichen Produkten sowie niedrige Zinssätze dazu führen, dass das irische Wirtschaftswachstum aus englischer Perspektive eine Konkurrenz darstellte, die mit hohen Einfuhrzöllen auf traditionell nach England importierte Waren bekämpft werden sollte. Doch dieses Vorgehen unterschätzte sowohl die Internationalisierung des irischen Markts als auch seine relative Flexibilität: Anstelle der Wolle, deren Export von den Engländern beschränkt wurde, produzierte man in Irland bald Leinen. Damit nahm die ungemein erfolgreiche Leinenindustrie in Ulster ihren Anfang, die zum Privileg protestantischer Familien wurde.

Die transnationale Ausrichtung des Handels war vor allem eine Domäne der Quäker, die von den Küstenstädten Galway, Limerick, Cork und Waterford aus Kontakte nach Spanien, Frankreich, nach China, in die Karibik und viele andere Regionen des Britischen Empires pflegten. Dabei standen sie dem englischen Schokoladenfabrikanten Cadbury – ebenfalls eine Quäkerfamilie – in nichts nach und machten dem Handelsmonopol der East India Company ernsthaft Konkurrenz. Der Handel mit Mehl, Kakao, Kaffee und Tee war lukrativ und um 1800 auch der Handel mit Tabak, dessen Konsum damals als heilsam galt. Die großen Quäkerfamilien der Newenhams in Cork, der Pims und Bewleys in Dublin sowie der Jacobs in Waterford unterhielten auch intensive Handelskontakte nach Liverpool und Bristol.

Typisch für das Landschaftsbild Irlands im 18. Jahrhundert wurden die in der Nähe der Anwesen von Großgrundbesitzern neu geschaffenen dörflichen Siedlungen mit ihren bis zum heutigen Tag charakteristischen Anlagen wie z. B. dem zentralen Marktplatz. Wohlstand förderte die Künste und das Kunsthandwerk. Irisches Silber, Glas, Schmuck und Möbel, kunstvolle Gipsverputzungen und die elegante Schlichtheit der irisch-georgianischen Architektur waren Ausdruck wirtschaftlicher Prosperität. Die neuen Dörfer verbreiteten sich mit ähnlicher Geschwindigkeit wie die im Stil des Palladianismus gebauten Herrenhäuser. Der wohl bedeutendste Architekt des irischen Palladianismus war Richard Cassels, Erbauer des Westport

House am Rande der gleichnamigen Stadt. In manchen Fällen gingen die Herrensitze auf mittelalterliche und frühneuzeitliche Anlagen zurück, andere wurden im neoromanischen oder neogotischen Stil, im Tudorstil oder in dem in Nordirland beliebten Scottish Baronial Revival Stil neu errichtet. Malahide Castle in der Nähe Dublins sowie Ashford Castle in der Grafschaft Mayo, das größte neogotische Schloss auf den Britischen Inseln und Sitz der Familie Guinness, zeugen davon.

Die in England früh einsetzende Industrialisierung übte eine starke Sogwirkung auf Irland aus, indem der hungrige englische Markt mehr als die Hälfte des Exports irischer Waren aufnahm. Daneben verwies die irische Leinenindustrie mit ihrer Orientierung nach Amerika auf einen weiteren wirtschaftlichen Horizont, aus dem bald unvermittelt ein politischer werden sollte. Auf irischer Seite gab es zunächst nur wenige Profiteure, die aus der Verdichtung des nationalen und der Expansion des kolonialen Marktes Nutzen ziehen konnten. Bemerkenswert ist allerdings, dass Iren durchaus Teil hatten an der damaligen Verwissenschaftlichung ökonomischer Prozesse und an der Schaffung technischer Innovationen. Im selben Jahr 1776, in dem Adam Smith eines der Hauptwerke der Staatswirtschaftslehre und der liberalen Politiklehre, *The Wealth of Nations*, veröffentlichte, erschien von dem Iren Bernard Scale eine umfassende Wirtschaftsgeographie unter dem Titel *Hibernian Atlas*.

Besser als Dublin gelang es Belfast, zum Zentrum für den Außenhandel mit Textilien zu werden. Seit 1783 besaß Belfast eine Handelskammer. Im folgenden Jahr wurde die White Linen Hall eröffnet, die bald auch die Belfast Society for Promoting Knowledge beherbergte und auf diese Weise Kommerz und Kultur aneinanderband. Dem Handelszentrum folgten die Banken, und es gelang der Stadt, die moderne Finanzwelt an sich zu ziehen. Mit Dublin wetteiferte sie um die nationale Führungsposition, der Rivalität zwischen Glasgow und Edinburgh vergleichbar. Die presbyterianische Kaufmannskultur Ulsters hatte die Leinenproduktion in den Grafschaften Antrim, Armagh, Down und Monaghan gefördert und die Transportwege über neue Kanäle und Straßen beschleunigt. Das hatte zur Folge, dass in diesen prosperierenden Regionen die Bevölkerungszahlen unter Land- und Fabrikarbeitern besonders stark anstiegen.

Gleichzeitig nahmen die Spannungen wegen der Verteilung von Land zu, und von Geheimgesellschaften initiierte Gewaltausbrüche wie die der katholischen «Whiteboys», die sich etwa bei neuen Steuererhebungen entluden, wurden zum Alltag. Der Widerstand der Whiteboys war jedoch weder dauerhaft noch flächenwirksam. Die Armee der protestantischen «Volunteers», Freiwilliger, die für eine Liberalisierung der Politik gegenüber Katholiken und Dissenters, gegen die englischen Beschränkungen des irischen Handels und für die legislative Unabhängigkeit des irischen Parlaments kämpften, war demgegenüber erfolgreicher. Sie war geschaffen worden, um sich gegen innere Revolten oder fremdländische Invasionen zu schützen, nachdem die englischen Truppen Irlands nach Nordamerika abgezogen worden waren. Henry Flood und Henry Grattan, beide zunächst Offiziere der Volunteers, wurden zu «Anführern der öffentlichen Meinung», wie der Historiker Lecky etwa 80 Jahre später konstatierte. Ihnen ist es unter anderem zu verdanken, dass in Irland zumindest für einige Zeit die revolutionären Impulse aus dem Ausland aufgegriffen wurden.

Amerika, Frankreich und Irland

In die Revolutionsheere des amerikanischen Unabhängigkeitskriegs schrieben sich auch Tausende Iren ein, die aus Ulster emigriert waren. Die Bereitschaft, sich von der Heimat zu lösen und ein neues Leben zu beginnen, war groß, wobei man die alten religiösen und kulturellen Bindungen beizubehalten suchte. Neue, den Atlantik überbrückende Familienstrukturen entstanden. Sie profitierten von dem regelmäßigen Schiffsverkehr zwischen Ulster und Neuengland sowie später Pennsylvania, South Carolina, Delaware und New York. In Amerika waren Land, Abenteuer und Erfolg leicht zu haben – zumindest war das die Hoffnung vieler. Allein zwischen 1770 und 1774 emigrierten mindestens 30 000 Menschen aus Ulster. Insgesamt wird die Zahl der Iren, die im 18. Jahrhundert in die Neue Welt auswanderten, auf 447 000 geschätzt. Damit wurde die Emigration endgültig zu einem Faktor der irischen Identität.

Ein anderer Faktor wurde zunehmend der organisierte Widerstand. Auf lokaler Ebene kämpfte man gegen die überteuerte Pacht und auf nationaler für die politische Emanzipation, mit dem Ziel, Poynings' Law von 1494 zu widerrufen. In die Widerstandsbewegungen waren Katholiken und Protestanten gleichermaßen involviert, nicht selten vertraten Protestanten gemäßigte katholische Anliegen. Die Krise in Amerika und diejenige in Irland sendeten wechselseitige Signale aus und summierten sich zu einer Krise des Britischen Empires. Wie gewohnt reagierte die Londoner Regierung mit einer Lockerung der Strafgesetze, um sich eine loyale Mehrheit zu sichern, auch wenn sie dadurch Sympathien bei der protestantischen Elite einbüßte. Weil der Bedarf an Soldaten für den Krieg in Amerika 1775–1783 nahezu unbegrenzt war, war man auf die Rekrutierung katholischer Iren angewiesen.

Für den konservativen Flügel der Ascendancy war allerdings jeglicher interkonfessioneller Ausgleich inakzeptabel. Wie wenige andere Mitglieder der orthodoxen Whig-Aristokratie bekämpfte John Fitzgibbon, Graf von Clare und Vertrauter des britischen Premierministers William Pitt, eine allmähliche Emanzipation der Katholiken. Maßgeblich brachte er 1801 die staatliche Union zwischen Großbritannien und Irland auf den Weg und läutete das Ende einer kurzen Epoche ein, für die zwei Entwicklungen stellvertretend stehen: das Parlament von 1782 und die Rebellion von 1798.

Das nur 18 Jahre existierende «patriotische» Parlament am Dubliner College Green, von seinen Bewunderern «Grattan-Parlament» genannt, war zunächst nichts anderes als eine Kompromisslösung. Nach ihrem Scheitern im amerikanischen Unabhängigkeitskrieg gestand die englische Regierung von Frederick Lord North den Protestanten Irlands 1782 eine eigene Legislative zu und gab damit dem Druck der Volunteers nach. Dieses Parlament änderte zwar nichts an der Bindung Irlands an die englische Monarchie oder an der Präsenz des Vizekönigs. Aber immerhin konnte man eine Reform der Verfassung erreichen.

Sie scheiterte schließlich ebenso wie die Beziehung zwischen den beiden Hauptakteuren Grattan und Flood daran, dass man das Problem der Benachteiligung der Katholiken nicht lösen konnte. Henry Grattan, Führer der «Patrioten» im Parlament, setzte die Begriffe «irische Nation» und «protestantische Nation» gleich. Er wollte einen gemäßigten Parlamentarismus schaffen, der die legislative Autonomie an imperiale und königliche Prärogative knüpfte.

Die Politik einer möglichst weitreichenden irischen Selbstverwaltung, die auch durch die Unabhängigkeit der USA verstärkt wurde, hatte die Gründung der irischen Post, der irischen Nationalbank sowie eine Liberalisierung des Handels zur Folge. Danach jedoch löste jeder weitere Schlichtungsversuch und jede Teilreform neue Krisen aus. Diesen sollte die Unionsakte vom 1. Januar 1801 zwischen England und Irland ein Ende bereiten: ein fataler Schritt, der von internationalen Entwicklungen beeinflusst war, der von der großen Rebellion in Wexford 1798 ausgelöst wurde und der einen langen Schatten auf das 19. und 20. Jahrhundert warf.

Der wohl bedeutendste politische Denker seiner Zeit, Edmund Burke, hatte die internationale Verflechtung der Ereignisse erkannt. Amerika und Indien begriff er als die Hauptachsen der kolonialen Expansion, im Frankreich von 1789 und im Irland von 1798 sah er die Hauptschauplätze der europäischen Revolution. Burke war der damals einflussreichste Kritiker der Französischen Revolution, der ihre Entfesselung von Gewalt nicht als ein Gesetz der historischen Notwendigkeit akzeptierte. Was die Revolutionen in Frankreich und Irland Ende des 18. Jahrhunderts von denen in England 1688 und Amerika 1776 unterschied, war in Burkes Augen ihr Anspruch, eine selbstgesetzte Ordnung als Triumph der Vernunft über die gewachsene Ordnung zu feiern. Doch in der Schreckensherrschaft schritt der Rationalismus zur Selbstenthauptung und machte dem Dogmatismus Platz.

Die Ereignisse in Frankreich verfehlten auch in Burkes Heimatland ihre Wirkung nicht. Thomas Paines großartige Verteidigungsschrift der Revolution, *Rights of Man*, wurde in Dublin allein in den Jahren 1791 und 1792 siebenmal neu aufgelegt. Mit seiner eigenen Biographie überspannte Paine die Welten Amerikas und Frankreichs und wurde wie Franklin, Mirabeau und Washington im radikalen irischen Milieu enthusiastisch gefeiert. Die vermeintlich intakte Welt der Ascendancy bekam immer mehr politische und soziale Risse, je weniger sie sich den Umbrüchen, den radikalen Forderungen nach Reform und der generellen Instabilität auf den Britischen Inseln als Folge der europäischen Revolutionskriege zu stellen vermochte.

Das Bürgertum Ulsters in den Grafschaften Antrim, Down und Londonderry war besonders empfänglich für die Ideen der Französischen Revolution. Auch in den protestantischen Hochburgen Armagh, Wexford und Wicklow ergriff der Egalitarismus die kaufmännischen Mittelschichten. Nach französischem Vorbild, doch in irischer Tradition organisierte sich die landesweite Bewegung der United Irishmen, eine säkulare bürgerliche Vereinigung unter der Flagge eines irischen Nationalismus jenseits der ethnischen und konfessionellen Gräben. Ihr unumstrittener Anführer wurde der Protestant Theobald Wolfe Tone, Autor des *Argument on Behalf of the Catholics of Ireland* (1791) und irischer Sansculotte, der das Prinzip eines die Konfessionen übergreifenden liberalen Republikanismus verfocht. Tone wollte ein französisches Expeditionskorps an die Küste der Grafschaft Donegal führen, wurde aber von der Royal Navy abgefangen.

Bemerkenswert an Tone und seinen Mitstreitern war ihr relativ moderater Ansatz, der in der geistigen Tradition von John Locke und Immanuel Kant Toleranz, Abschaffung der Sklaverei sowie Meinungs-, Rede- und Religionsfreiheit forderte. Den jakobinischen Radikalismus der französischen Revolutionäre in den Jahren 1792–1795 lehnte Tone dagegen ab. Die politische und rechtliche Emanzipation der Katholiken würde, so meinte er, die spirituelle und moralische Regeneration Irlands herbeiführen.

Ein anderer begnadeter Redner der United Irishmen war Robert Emmet, der sogar mit Napoleon und Talleyrand Kontakt aufnahm. Das Sektierertum, die Geheimgesellschaften und der

Kampf im Untergrund besaßen durchaus revolutionäres Potential, ergriffen mit ihren antimonarchischen Ideen jedoch nicht die einfache irische Bevölkerung und waren insgesamt zu schlecht koordiniert. Vielerorts identifizierten die katholischen Iren sich mit der Monarchie, wie sie sich schon in der Zeit des Bürgerkriegs Mitte des 17. Jahrhunderts loyal gegenüber Karl I. verhalten und so viel Abscheu für Cromwell verspürt hatten wie nun für die *Terreur* der Französischen Revolution.

Die lokalen Aufstände von 1798 wurden durch die Engländer teils drakonisch niedergeschlagen. Am Ende der Epoche blieb eine geteilte, aber geschichtsmächtige Erinnerung: Aus irischer Sicht symbolisierte die gescheiterte Rebellion von 1798 wie der nicht eingehaltene Vertrag von Limerick (1691) Englands prekäres Verhältnis zum katholischen Irland mit dessen Streben nach Emanzipation. Auf protestantischer Seite weckte das Jahr 1798, in dem es auch zu Massakern an Protestanten kam, Erinnerungen an den blutigen Aufstand der Katholiken von 1641 und rechtfertigte so scheinbar Gegengewalt als Reaktion auf Gewalt.

Aber auch an das protestantisch beherrschte Irland ließ sich nach 1800 in der Erinnerung nicht mehr recht anknüpfen. Das Parlament war verloren, auch weil seine Abgeordneten sich mit Geld und Ämtern hatten bestechen lassen und die parlamentarische Union mit Großbritannien selbst unterstützt hatten, weil ihnen gedroht wurde, ihre Peerwürde werde durch unzählige Neuerhebungen in den Adelsstand belanglos. Administrative Ineffizienz, Korruption und Günstlingswirtschaft – das waren bekannte Phänomene einer imperialen, von einem technokratischen Selbstverständnis noch weit entfernten Bürokratie. Charles Cornwallis hatte dies in Indien und an anderen Stationen des Empires gelernt, bevor er Lord Lieutenant of Ireland (1798–1801) wurde, um hier die Union zu erzwingen.

Weniges kontrastierte mit der Niederlage Irlands so deutlich wie der Pariser Frieden von 1783, der Amerikas Unabhängigkeit, für die viele Iren gekämpft hatten, besiegelte. Das georgianische Dublin, die Zivilisation der Ascendancy, verfiel, so wie seine einst prächtige Architektur baufällig wurde. Zugleich suchte die politische und gesellschaftliche Elite ihr Glück in der Emigration. Henry Grattan wurde Abgeordneter im Parlament von Westminster. Für Dublins Überleben wurde nun die Union mit England wesentlich, gegen die man doch seit dem 17. Jahrhundert kontinuierlich gekämpft hatte.

IV. Jahrhundert der Extreme 1801–1921

Der Schlüsselbegriff für das lange 19. Jahrhundert in Irland ist die Union, die mit der Massenmobilisierung der öffentlichen Meinung, der großen Hungersnot von 1845–1849 und mit Auswanderungswellen von bisher unbekannten Ausmaßen unmittelbar in Zusammenhang steht. Eine noch stärkere Bindung der Landfrage an die nationale Frage und der katholischen Kirche an den irischen Nationalismus war die Folge. Erster Weltkrieg, Osteraufstand und Bürgerkrieg: Irlands Geschichte der Extreme kulminierte in der Gewalt des noch jungen 20. Jahrhunderts.

Die Massenmobilisierung der öffentlichen Meinung

Nach der Jahrhundertwende wurde Wandel – als ideologische Folge der Aufklärung und als politische Folge der Französischen Revolution – greifbarer als je zuvor. Noch um 1700 war für den durchschnittlichen Menschen eine Veränderung der Alltagsumstände innerhalb seiner Lebenszeit kaum zu spüren gewesen. Um 1800 dagegen hatte ein rasanter Wandel auf lokaler wie auf nationaler Ebene eingesetzt. Die Ikonen der Industriellen Revolution wie die Dampfmaschine und ein Netz von Kanälen hatten eine ganz neue Geographie geschaffen. Die konzentrierte Akkumulation von Kapital und ein rasches Bevölkerungswachstum, die Privatisierung der Wirtschaft und, als Kampf dagegen, der Frühsozialismus hatten die Britischen Inseln in besonderem Maße geprägt. Deren Sonderweg und damit auch der Sonderweg Irlands war globalgeschichtlich erst mit der Industriellen Revolution sichtbar geworden. In Irland war davon ab der Jahrhundertwende die Bevölkerungsmehrheit zunehmend deutlich betroffen.

Der Streit um ihre Emanzipation war das Thema, das die Katholiken einte. Daniel O'Connell hingegen, der wichtigste Politiker Irlands in der ersten Hälfte des 19. Jahrhunderts, spaltete sie, obgleich er oft als Integrationsfigur betrachtet wurde. Von den pazifistischen Nationalisten als «Liberator» gefeiert, wurde er von der gewaltbereiten Fraktion, aus der später die Bewegung des Young Ireland hervorging, als zu kompromissbereit geschmäht.

Irland war seit 1801 im Londoner Parlament mit 100 von insgesamt 658 Sitzen vertreten. Mit 1,25 Millionen Pfund sowie Adelstiteln und Patronage erkauft, sollte die Union den katholischen Gutsbesitzern zwar ihren Wohlstand sichern. Doch mit der legislativen Vereinigung Irlands und Englands privilegierte sie die protestantischen Kirchen beider Inseln, die einen gleichsam staatstragenden Nimbus erhielten. Ähnlich hatte sich die Union zwischen Schottland und England 1707 ausgewirkt, als die presbyterianische Kirche Schottlands unter besonderen Schutz gestellt worden war.

Für die Katholiken war das exklusive Vokabular der Ascendancy nach 1800 zu elitär geworden. Wenn sie sich auf ein Vorbild beriefen, dann auf die amerikanischen Revolutionäre. An diesem Punkt setzte Daniel O'Connells Bewegung an. In seinem an Königin Viktoria gerichteten polemischen *Memoir on Ireland. Native and Saxon* (1843) legte er dar, wie Irland seit 1169 die Gestaltung der eigenen Geschichte entrissen worden sei. Die Union von 1801, durch Betrug und Korruption zustande gekommen, habe vorerst endgültig die irische Legislative zerstört, doch den Freiheitswillen lasse Irland sich von niemandem nehmen.

O'Connell wollte um jeden Preis der Gewalt vorbeugen. Für einen Penny Monatsbeitrag konnte man sich an der 1823 von ihm gegründeten Catholic Association beteiligen, von der Londoner Politiker allerdings fürchteten, sie löse eine neue Revolution aus. Zieht man die verbreitete Gewalt der katholischen Whiteboys auf dem Land, vor allem in Munster, in Betracht, so wird die Politik des englischen Staatssekretärs Thomas Drummond nachvollziehbar: Er verbot alle Geheimgesellschaften und errichtete das zentralisierte, paramilitärische Polizeisystem der

Royal Irish Constabulary, auf welches später die kolonialen Polizeitruppen im Empire zurückgriffen. 1829 stimmte Arthur Wellington als britischer Premierminister dem Gesetz zu, das es Katholiken erlaubte, Parlamentsabgeordnete zu werden und staatliche Ämter zu bekleiden. Dabei folgte er der modernen Staatsräson des noch jungen organisierten Konservativismus. Sein Nachfolger Robert Peel, Architekt der Katholikenemanzipation, formulierte im *Tamworth Manifesto* (1834) den konservativen Leitsatz, dass die Revolution durch moderate Reformen zu verhindern sei. Damit verfasste Peel das erste nationale Wahlmanifest und machte den Begriff des Konservativismus salonfähig. Das Handwerk des Staatsmanns perfektionierte er in der Rhetorik des Parteimanns, dessen Unbestimmtheit eine Eigenschaft des modernen Politikers wurde.

Ohne den irischen Hintergrund wäre das viktorianische Zeitalter wohl weniger von gemäßigten Reformen bestimmt gewesen. Hingegen blieben O'Connells nächstwichtige Ziele, die Wiederauflösung der Union und die Schaffung einer repräsentativen irischen Volksvertretung, Illusion. Das konnte auch nicht anders sein, wollte Großbritannien seinen imperialen Status nicht gefährden. O'Connells persönliche monarchische Loyalitäten konnten nicht darüber hinwegtäuschen, dass seine Bewegung einen separaten irischen Nationalstaat forderte. Zahlreiche europäische Reisende wurden von seiner Ausstrahlung angezogen und berichteten, wie etwa der Feuilletonist des deutschen Liberalismus Julius Rodenberg, über die dramatische Entwicklung auf der «Insel der Heiligen». 1841 wurde O'Connell Bürgermeister von Dublin und organisierte fortan sogenannte Monster-Meetings wie das legendäre vom August 1843, als sich über 750 000 Menschen auf den Hügeln von Tara in der Grafschaft Meath versammelten, um seine Reden zu hören. Die symbolische Bedeutung des Ortes war unermesslich. Unweit der prähistorischen Monumente von Newgrange gelegen, hatte Tara einen Knotenpunkt des frühmittelalterlichen Verkehrsnetzes gebildet, war der Fundort des *Book of Kells* und seit dem 9. Jahrhundert eines der wichtigsten Zentren der Iren, an denen sie politische Einheit demonstrieren konnten.

Ideologie und Konfession waren in Fragen der nationalen Identität fest miteinander verzahnt. Schon Francis Plowdens populäre Darstellung *Historical Review of the State of Ireland* (1803), eine Streitschrift gegen die Union, zeugte davon. Die Persönlichkeit O'Connells ging aus einer Mischung von gälischer Verwurzelung und moderner Politisierung des Katholizismus hervor. Er begriff sich als Speerspitze eines nationalen Antikolonialismus in Nachfolge der amerikanischen Revolutionäre. O'Connells Gegenspieler im Norden, der unangefochtene Führer des Protestantismus, war Henry Cooke. In Ulster zog auch er große Menschenmengen an, vor denen er für die Beibehaltung der Union argumentierte. Der Rhetorikprofessor der Universität Belfast stand O'Connells juristischer Schulung skeptisch gegenüber und war für eine Verhärtung der Fronten mitverantwortlich. Als die englische Regierung eine interkonfessionelle Schulbildung auf nationaler Ebene einführen wollte, bekämpfte er diese mit aller Kraft, wie schon zuvor die religiösen Mischehen. Das trug allmählich dazu bei, dass in der religiösen Geographie des irischen Nordostens unsichtbare, aber nahezu irreversible Grenzen gezogen wurden.

Ein wichtiger Aspekt der demokratischen Massenmobilisierung war ihre Öffnung nach oben. Ab etwa 1820 hatte der katholische niedere Adel in Munster und Leinster ebenso wie das Handelsbürgertum in den südlichen Küstenregionen für sich in Anspruch genommen, einen «liberalen» Katholizismus zu vertreten. Die irischen Katholiken schrieben sich die Botschaft des Separatismus nun erstmals als denkbare Forderung auf ihre Fahnen. Denn mit der Catholic Association war ein Weg geschaffen, über lokale Priester die Basis zu erreichen, während der Dachverband mit Landwirten und einer städtischen Oberschicht aus wohlhabenden Geschäftsleuten, Journalisten und prominenten Rechtsanwälten wie O'Connell bestückt werden konnte.

Mit dem Gesetz von 1829 hatten die Katholiken das Londoner Establishment erreicht. Für die folgenden Jahrzehnte war es jedoch verhängnisvoll, dass sich ihr Lager in pazifistische Konstitutionalisten und radikale Separatisten spaltete. Die Ersteren unter Führung O'Connells strebten einen Kompromiss mit England an. Das Monster-Meeting in Clontarf im Oktober 1843 sagte O'Connell wieder ab, nachdem die englische Regierung mit einer militärischen Invasion gedroht hatte. In diesem Jahr hatte es bereits zahlreiche derartige Treffen gegeben, in Trim, Limerick, Kells, Cork, Cashel und Mallow, bei denen sich selten weniger als 150 000 Menschen versammelt und gegen die Union protestiert hatten. In Clontarf war erneut ein irischer Gedächtnisort gefunden: Hier hatte der legendäre König Brian Boru 1014 seine Heimat gegen die Normannen verteidigt und war in einer der blutigsten Schlachten der irischen Geschichte gefallen. Ein Kernbegriff des Mittelalters, die Invasion, wurde somit deckungsgleich mit der bekämpften Union von 1801. Aus diesem Grund erhielt die ferne Geschichte so große Macht über die Politik der Gegenwart.

Thomas Moore, der dem Umkreis von Lord Byron angehörte, machte sich ebendas zunutze. Der Autor der *Irish Melodies* (1807–1834) war wohl der bedeutendste irische Dichter vor dem Zeitalter von Yeats. In dieser Liedersammlung funktionalisierte er historische Motive als politische Symbolträger, allen voran die Harfe. Die kulturelle Einzigartigkeit seines Landes, so Moore, sei das Ergebnis einer Abfolge nationaler Freiheitskämpfer. Solche Rückgriffe auf die Vergangenheit waren nicht zuletzt dem Dilemma geschuldet, dass kaum andere Identitätsangebote zur Verfügung standen, ein Problem, mit dem auch die extrem emotionalisierte Bewegung Young Ireland konfrontiert wurde.

Unter ihrem Chefideologen und Balladendichter Thomas Davis kämpfte diese Bewegung gegen O'Connells Konstitutionalismus und sorgte für die zunehmende Akzeptanz von Gewalt als politischem Mittel. Die Zeitung *The Nation* wurde ihr Organ, historische Schlachten und Rebellionen beliebte Gegenstände der politischen Debatte. Bemühungen um Ausgleich und Verständigung zwischen Großbritannien und Irland, wie man sie noch eine Generation früher bei der Schriftstellerin Maria Edgeworth in deren Roman *The Absentee* (1812) beobachten konnte, waren nun gründlich gescheitert. Als im Februar 1848 in Paris die Revolution ausbrach, gratulierten William Smith O'Brien und andere Mitglieder der Irish Confederation, der Nachfolgerin des Young Ireland, den Bürgern der Französischen Republik. Sie wünschten den Anschluss an Europa – aber sie hatten ihn verpasst. Denn während die Freiheitsbewegungen der europäischen Industriegesellschaften von klassenkämpferischen Impulsen motiviert waren, wurde in Irland endgültig die Konfession zum treibenden Motor.

Die große Hungersnot 1845–1849

Am 1. Juli 1848 bezogen 833 889 Menschen Armenunterstützung, das war die höchste Zahl von Empfängern an einem einzigen Tag. Bis zum Oktober desselben Jahres wurden 16 686 Kleinbauern von ihren Höfen vertrieben, weil sie außerstande waren, die Pacht zu bezahlen. Im November brach die Cholera aus. Einen Monat später veröffentlichte Charles Edward Trevelyan seinen empörenden Bericht *The Irish Crisis* mit der Empfehlung, Irland solle weiterhin Nahrungsmittel exportieren. Trevelyan behandelte die Insel als kolonialen Besitz der Briten: Die landwirtschaftliche Produktionskraft der Kolonie hatte der industriellen des Mutterlandes zu dienen. Eine schärfere Zäsur als die Hungersnot hat es in der irischen Geschichte des 19. Jahrhunderts nicht gegeben. Schuld an der Kartoffelfäule war ein möglicherweise aus Südamerika eingeschleppter Pilz, der schon 1845 die Ernte um ein Drittel dezimierte und sie 1848 dann vollständig ausfielen ließ.

Europäische Reisende hatten schon zuvor beschrieben, wie die Härten des britischen Freihandels das Leben auf dem Land prägten. Hermann Fürst Pückler-Muskau schilderte seine Irlanderfahrungen im 28.–43. Brief seiner *Briefe eines Verstorbenen* (1830–1832). Sein Weg zum privaten Wohnsitz von O'Connell in Kerry verheimlichte ihm nicht die Armut, die er mit der Lage im zeitgenössischen Sachsen verglich. Der umtriebige Pückler wurde später noch von Charles Dickens in dessen *Pickwick-Papers* erwähnt. Beide Schriftsteller hatten einen genauen Blick für den Zustand Irlands, von dem Karl Marx und Friedrich Engels in *Die Lage der arbeitenden Klasse in England* (1845) behaupteten, 27% lebten unter der Armutsgrenze: «Sie sind arm wie die Kirchenmäuse, tragen die elendesten Lumpen und stehen auf der tiefsten Bildungsstufe, die in einem halbzivilisierten Lande möglich ist.»

Seit dem frühen 19. Jahrhundert war die Landfrage dringlich geworden, und so verstärkten sich die Aktivitäten von Untergrundbewegungen. Die Abgabe des Zehnten an die anglikanischen Pfarrer, Landhunger, erdrückende Pachtzinsen, Kartoffelfäule – das waren die Reizworte für die militanten Organisationen. Das Bewusstsein für eine katholische Nation war in den 1830er Jahren weniger entwickelt als das Bedürfnis nach einer regionalen oder lokalen Lösung alltäglicher Probleme. So wenig die meisten Menschen aus ihrer dörflichen Umgebung herauskamen, so sehr identifizierten sie sich mit ihrem engeren Umfeld. Die «Ribbonmen» z. B. waren im nördlichen Munster prominent; in ihrem Kampf gegen die ihrer Wahrnehmung nach rationalisierte Staatsgewalt der viktorianischen Bürokratie drohten sie Gewalt gegen Grundbesitzer an.

Als das am dichtesten bevölkerte Land Europas mit über acht Millionen Menschen hatte Irland vor Ausbruch der Hungerkatastrophe einen sehr fragilen politischen und wirtschaftlichen Zustand erreicht. Von politischer Liberalisierung und ökonomischer Modernisierung war es weit entfernt. Die soziale Krise bildete in dieser Situation einen ähnlichen Wendepunkt wie die revolutionäre der 1848er Jahre im restlichen Europa. Dass sich Ende Juli 1848 in Tipperary etwa 100 Mitglieder der Irish Confederation eine Straßenschlacht mit der Polizei lieferten und hier ihren Anteil am revolutionären Erbe Europas einforderten, hatte für die irische Geschichte keine Folgen. Dass aber die Hungersnot die Gesamtbevölkerung um über 20% reduzierte, machte sie zu einem einzigartig dramatischen Wendepunkt des irischen 19. Jahrhunderts. Um 1848 lebten nur noch schätzungsweise 6,5 Millionen Menschen in Irland, wenngleich die Zahlen ungenau bleiben müssen, weil viele Menschen in Massengräbern endeten. Noch im selben Jahr veröffentlichte der britische Staatsphilosoph John Stuart Mill einen Klassiker des politischen Denkens: *Principles of Political Economy*. Als habe er die Entwicklung der irischen Frage, besonders der Landfrage, vorhergesehen, interessierte diesen liberal-utilitaristischen Reformer der politischen Ordnung besonders das Spannungsfeld von wirtschaftlicher Abhängigkeit und politischer Emanzipation.

Irische Hungersnöte hatte es auch 1816, 1817, 1822 und 1836 gegeben. Sucht man europaweit nach vergleichbaren, von Ernteausfällen und Getreidepreiswucher verursachten Hungersnöten, so fallen Italien 1846/47, Spanien 1856/57 und Finnland 1867 ins Auge. In Irland waren Kartoffeln und Rüben gar nicht die einzigen Optionen bei der Ernährung, sondern kamen nach Weizen und Gerste, und nur wenn diese ausfielen, suchte man nach Ersatz. Schon frühzeitig waren Berichte im Auftrag der Regierung erstellt worden, die soziale Katastrophen bei zu einseitiger Ernährung vorhersagten. Doch eine zeitgenössische Abneigung gegenüber staatlicher Intervention in die Kräfte des freien Marktes machte das Unglück unabwendbar. Ansonsten hätte Großbritannien in den USA Getreide kaufen können, wo es 1846 eine Rekordernte gab.

Als Freihandel wurde gewöhnlich eine Politik beschrieben, welche die Kräfte des Marktes sich selbst regulieren ließ, mithin Schutzzölle wie z. B. auf Getreide (Corn Laws) unnötig machte. Auf Irland bezogen, war diese Politik prekär, wie Mill schrieb (*Chapters and Speeches of the Irish Land Question*, 1870). Auch mischte der Staat sich nicht in das Geschäft der Grundbesitzer ein, die für ihre Probleme – Überteuerung der Pacht und Vernachlässigung ihrer Fürsorgepflicht – selbst aufzukommen hatten. Das brachte das nationalistische *Freeman's Journal* in seiner Ausgabe vom 24. Juni 1851 mit den Worten auf den Punkt, trotz der Poor Laws überlasse der Staat die Armen Irlands ihrem Schicksal. Er tat das im Übrigen auch in den Elendsvierteln von London und Manchester.

Wirtschaft und Infrastruktur

Was die Krise in der Mitte des Jahrhunderts verschärfte, war die Kombination aus ihrer zeitlichen Zuspitzung und ihrer geographischen Verdichtung. Dort, wo Armut und Überbevölkerung herrschten, war sie besonders schlimm. Mehr und mehr Menschen waren hier von den Erträgen von immer weniger Land abhängig. Wo Getreide angebaut oder Vieh gehalten werden konnte wie im fruchtbaren Osten und Südosten der Insel, war die Lage besser als im dicht besiedelten, unfruchtbaren Westen. Im südwestlich von Dublin gelegenen Kildare waren 85% des Landes anbaufähig, und im Durchschnitt lebten hier 187 Menschen auf einer Quadratmeile. Im westlichen Mayo dagegen gab es nur 36% Ackerland bei etwa 475 Menschen pro Quadratmeile. Im nördlichen Ulster hatte die Textilindustrie die Landwirtschaft an Bedeutung überholt und die Region gegen Agrarkrisen immunisiert.

Eine Konsequenz, die man ab den 1850er Jahren aus der Hungersnot zog, war die Vergrößerung der Bauernhöfe und ihrer Felder. Mit der Professionalisierung der Landwirtschaft nahm der in diesem Sektor beschäftigte Anteil der Bevölkerung ab. 1841 waren es noch 66% gewesen, 20 Jahre später hingegen nur noch 42,6%. Die überwiegende Mehrheit verlegte sich auf das Halten von Milchvieh oder z. B. die Produktion von Schinken, Lachs, Bier und Whiskey. Doch lernte man aus der Hungerkatastrophe auch insofern, als Monokulturen die Ausnahme wurden.

Mitte des 19. Jahrhunderts waren 40% der Bevölkerung berufstätig, doch arbeitete nur eine Minderheit in der Industrie oder im Transportwesen. In den Belfaster Baumwollfabriken wurden 1811 bereits 15 Dampfmaschinen betrieben, zwölf Fabriken arbeiteten mit Wasserkraft, allein sechs setzten noch Pferde für ihre Maschinen ein. Durch seinen Hafen war Belfast begünstigt, weil es Steinkohle aus Schottland und England, Holz, Flachs und Hanf aus Nordamerika und dem Baltikum sowie Wein, Olivenöl und Früchte aus dem Mittelmeerraum einführte und gleichzeitig Leinen exportierte. Obwohl Belfast mit anderen Leinen- und Baumwollproduzenten im britischen Freihandelsbereich konkurrierte, namentlich mit solchen aus Lancashire, nahm es bald eine führende Stellung in der internationalen Wirtschaft ein. Bis 1911 wuchs seine Einwohnerzahl auf fast 400 000. In der Nähe der Fabriken, Werften und Bahnhöfe entstanden Wohnviertel für Arbeiter, deren charakteristische, zweigeschossig genormte Häuser einförmige Reihen bildeten. Vergleichbare Wohnhaustypen finden sich in allen viktorianischen Ballungsräumen. Parallel dazu fand ein Verfall von innenstädtischer Bausubstanz aus dem 18. und frühen 19. Jahrhundert statt.

In seinem Buch *Industrial Resources of Ireland* (1844) untersuchte der Chemiker und Präsident der Royal Irish Academy, Robert Kane, die Mineralvorkommen seines Landes, deren Qualität er für minderwertig hielt. Kohle wurde im Südwesten entdeckt, aber die Flöze lagen zu eng beieinander, um industriell erschlossen werden zu können. Eisenminen existierten im Osten, Kupfer gab es im Süden der Insel. Konkurrenzfähig gegenüber der Importware vom europäischen Kontinent waren sie nicht. Die erstaunlich schwache Industrialisierung Irlands im 19. Jahrhundert allein mit den fehlenden Rohstoffvorkommen zu erklären, wäre jedoch verkürzt. Anteil daran hatten auch die politische und wirtschaftliche Abhängigkeit von Großbritannien, die schwache Tradition nicht-agrarischer Berufsfelder und die dominante Rolle der katholischen Kirche. Auch landwirtschaftliche Industrien im Süden und Westen Irlands entwickelten sich nur sehr langsam. Dazu gehörten Brauereien und Whiskeybrennereien, die seit 1838 erhebliche Einbußen hinnehmen mussten, als der Kapuzinermönch Theobald Mathew eine Bewegung gegen den Alkoholismus ins Leben rief, mit der er bis nach England und Amerika wirkte; die Trunkenheit war traditionell ein ernsthaftes Problem in Irland.

Seit den 1850er Jahren konzentrierte sich das Brauwesen in wenigen Familienunternehmen. Fortan zählte die Familie Guinness zu den reichsten Familien Irlands und zu den größten Wohltätern Dublins. Benjamin Guinness spendete 150 000 Pfund für die Restaurierung der St. Patrick's-Kathedrale, sein

Sohn Edward finanzierte mit 250 000 Pfund die Auflösung der Slums von Dublin und den Bau von Dubliner und Londoner Arbeitersiedlungen. Das waren zu dieser Zeit fast unermessliche Summen. Philanthropie und Kommerz waren zwei Seiten derselben Medaille. Teile seiner riesigen Gemäldesammlung vermachte Guinness dem Kenwood House im Londoner Stadtteil Hampstead. Der Kontrast von allmählich wachsender Prosperität einer Minderheit und bleibender Armut der Mehrheit trug jedoch zur politischen und kulturellen Spaltung Irlands bei.

Traditionell hatte der Außenhandel sich vorwiegend auf Leinen und Wolle konzentriert und in den Jahren vor der Hungerkatastrophe eine starke Ausdehnung im Nahrungsmittelsektor erfahren. Zwischen 1810 und 1825 hatte der Leinenexport von Ulster nach England um über 100% zugenommen, und um 1830 führte Irland über 700 000 Tonnen agrarischer Produkte nach England aus. Unter anderem war Napoleons Kontinentalsperre (1806) für diese Intensivierung des Handels verantwortlich. 28% aller Importe und Exporte wurden über den Dubliner Hafen abgewickelt, etwa ebenso viel über Cork und Waterford, die sich auf Nahrungsmittel spezialisierten. Diese Spezialisierung wurde ihnen jedoch im Zuge der Ernteausfälle in den frühen 1840er Jahren zum Verhängnis. Während nördliche Hafenstädte wie Belfast und Londonderry von der Krise relativ unberührt blieben, traf es westliche wie Galway und Sligo besonders hart.

Seit den 1850er Jahren exportierte Irland weniger Butter und Fleisch, dafür wuchs der Handel mit Getreide und Vieh. Die Schiffbauindustrie im Norden verzeichnete Gewinne, bis hin zur spektakulären Produktion des Luxusdampfers «Titanic» durch die Belfaster Werft Harland & Wolff Anfang des 20. Jahrhunderts. Nach Irland eingeführt wurden Zucker, Tabak und Tee. Insofern war die Insel in das Handelsnetz zwischen Mittelamerika und Großbritannien fest integriert.

Daher war in der ersten Hälfte des 19. Jahrhunderts ein dichtes Netz an Schifffahrtskanälen entstanden. Fast der gesamte Warentransport von den Hafenstädten ins Inland wurde über die neuen künstlichen Wasserwege bewerkstelligt. Die größten unter ihnen waren der Royal Canal (1817) und der Grand Canal (1835) in der Ost-West-Achse sowie der Ulster Canal, der Belfast mit der Mitte der Insel verband. Dank geringer Höhenunterschiede in seinem besiedelten zentralen Tiefland eignete sich Irland gut für den Kanalbau. Dass der Personentransport in den allmählich besser erschlossenen Regionen stetig zunahm, war der Einführung der Eisenbahn zu verdanken. Seit 1834 verkehrte sie zwischen Dublin und dem südlich gelegenen Wicklow, und bis zum Ende des folgenden Jahrzehnts wurden Linien zwischen Dublin, Belfast, Galway, Cork, Limerick und Waterford verlegt. Im Jahr 1866 war das Eisenbahnnetz auf fast 2000 Meilen angewachsen.

Wie in anderen Teilen des Britischen Empires, etwa in Indien, betrachtete man die Eisenbahn als Sinnbild für die Modernisierung. Mögliche Hungersnöte konnten zukünftig besser bekämpft werden, da die Krisengebiete logistisch leichter erreichbar waren. Umgekehrt konnten Nahrungsmittel aus der ländlichen Peripherie problemloser in die Städte gebracht werden. Preissteigerungen als Folge von schlechten Ernten waren somit nun kalkulierbarer und die Landbevölkerung jenseits des regionalen Handels in einen internationalen Handel einbezogen. Die lokale bäuerliche Produktion wurde Teil der globalen Marktmechanismen der Kolonialmacht.

Emigration und sozialer Wandel

Eine Alternative zur politischen und wirtschaftlichen Ausweglosigkeit in Irland stellte die Emigration dar. Kein europäisches Land hat in Relation zu seiner Bevölkerungszahl so viele junge Menschen in die Emigration entlassen wie Irland in der zweiten Hälfte des 19. Jahrhunderts. Politische Unmündigkeit, Armut, aber auch die traditionelle Mobilität und die globalen familiären Vernetzungen waren Gründe dieses extremen sozialen Wandels.

Vor der Hungersnot war Irland vorherrschend ländlich geprägt gewesen. In dieser agrarischen Welt herrschte üblicherweise Argwohn gegen das städtische Leben und seine Diskrepanz zwischen Armut und Reichtum. Im Vergleich dazu lebten im industrialisierten England um 1850 bereits fast 50% der Menschen in Städten. Manchester zählte ungefähr 300 000 Einwohner und wuchs bis zur Jahrhundertwende auf über 1,2 Millionen. Die Einwohnerzahl Berlins betrug über 2,4, diejenige von Paris über 3,3 Millionen. London war mit 6,6 Millionen Menschen die größte Stadt Europas, wahrscheinlich der Welt.

Die massive irische Depopulation infolge von Tod oder Emigration hatte zur Folge, dass die gleichzeitige Landflucht die Stadtbevölkerung insgesamt nicht wachsen ließ. Diese konzentrierte sich nur stärker auf einige wenige Städte. 1841 lebten in Dublin 232 726, in Belfast 75 308 und in Cork 80 720 Menschen. In diesem Jahr wohnten in Irland nur 5% der Gesamtbevölkerung in Städten mit mehr als 50 000 Einwohnern, in England waren es 30%. Vor Ausbruch des Ersten Weltkriegs hatte sich dieser Anteil in Irland auf 15% erhöht, während er in Schottland bei 40% und in England bei 51% lag. Seitdem hat die Geschwindigkeit der Urbanisierung Irlands nachgelassen. Dass die im Vergleich zu England schwächer industrialisierten irischen Städte die überschüssige Bevölkerung vom Land zunächst langsamer aufnahmen, hatte mit dem geringen Angebot an Arbeitsplätzen in den Städten zu tun. Der Kleinhandel dominierte, in Dublin und Belfast auch der Fernhandel, nicht jedoch Gewerbe und produzierende Industrien.

Stadtluft machte vielleicht frei, doch nicht unbedingt gesund. Die Sterblichkeitsraten in den Zentren waren überdurchschnittlich hoch, vor allem dort, wo wie in den Slumgürteln um die Innenstädte die Bevölkerungsdichte zunahm und die Familien auf engstem Raum leben mussten. Zeitgenössisch wurden diese Hüttenstädte «Cabin Towns» genannt. Fabrikarbeiter, Tagelöhner und Bettler mit ihren Familien teilten sich die Wochenmieten, so dass bis zu drei Familien in einer Zweizimmerwohnung unter unerträglichen sanitären Bedingungen eingepfercht waren. Etwa jeder vierte Einwohner von Cork besaß kein Bett. Das Stadtbild war von der Nachbarschaft von endlosen Wohnvierteln und Fabriken, Mühlen, Schlachthöfen, Molkereien, Brennereien und Bordellen geprägt. Oft waren besonders die Straßen, die von der Stadt aufs Land führten, von unzähligen Gaststätten und Trinkhallen gesäumt. Armut und Alkoholismus waren Geschwister.

Wie in Liverpool oder Birmingham lagerten sich auch in Dublin und Belfast nach und nach Arbeiterviertel an die Stadtkerne an, die Vororte wuchsen in hohem Tempo. Das hatte mitunter soziale und ethnische Segregation zur Folge, führte aber in jedem Fall zu Konflikten aufgrund der unzureichenden Wohnraumversorgung und der ständig steigenden Mieten. Da das Nahverkehrssystem noch sehr unterentwickelt war, waren die Arbeiter darauf angewiesen, in der Nähe der Fabriken zu wohnen. Hier bildeten sich Slums bzw. Arbeiterkolonien, während diejenigen, die es sich leisten konnten, in die exklusiven Vororte abwanderten. Erst die Einführung der elektrischen Straßenbahn ab 1872 überbrückte die Distanzen.

Weil sich jedoch im 19. Jahrhundert die Stadtlandschaft fortwährend veränderte, was in Dublin unter anderem am Bau der Eisenbahnlinien und der Bahnhöfe lag, konnten sich kaum lokale Identitäten herausbilden. Im Gegenteil, Charakteristika des beschleunigten Lebenswandels im viktorianischen Zeitalter waren für eine große Bevölkerungsmehrheit die soziale Entwurzelung und die alltägliche Kriminalität auf der Straße. Fast mehr noch als in London blühten in den irischen Städten und allen voran in Dublin die Lotterie- und Wettbüros. Hier wurde Armut nachgerade geschaffen, wenn Handwerker und Arbeiter in der Hoffnung auf einen schnellen Gewinn ihren gesamten Besitz verwetteten.

Mangelnde Sozialhygiene, städtischer Lärm und Smog, Epidemien, Armut, Arbeitslosigkeit, unzureichende Ernährung und verunreinigtes Trinkwasser schufen bei gleichzeitigem Bevölkerungswachstum zum Teil katastrophale Verhältnisse. Die in ganz Europa hohe Säuglingssterblichkeit machte auch in Irland keine Ausnahme, wo die übliche Praxis, Kinder auszusetzen und sie der Obhut staatlicher Findelhäuser zu überlassen, einem nahezu sicheren Todesurteil gleichkam.

Ein stärkerer Kontrast zum Milieu des aufstrebenden Wirtschafts- und Industriebürgertums von Belfast ließ sich kaum vorstellen. Arbeitsethos, religiöser Ernst, soziales Leistungsdenken, Bereitschaft zu ökonomischem Risiko und politischer Individualismus spiegelten hier geistige Prinzipien des kirchlichen Nonkonformismus. Dieser stellte in Belfast, anders als in Dublin, eine Gesinnungsgemeinschaft her, die auch für europäische Zuwanderer, etwa jüdische aus den gehobenen Mittelschichten, attraktiv war.

Dublin wurde maßgeblich von seiner Funktion als Handelsknotenpunkt sowie als administratives und kulturelles Zentrum geprägt. Als Reflex des irischen Nationalbewusstseins trat 1854 neben das Trinity College die katholische Universität (seit 1909 University College Dublin). Des Weiteren beherbergte die Stadt die renommierten wissenschaftlichen Vereinigungen des Landes, mehrere Theater und die Sitze des protestantischen und des katholischen Erzbischofs. Mit der Bildung des Irischen Freistaats 1922 erreichte der Aufstieg Dublins seinen vorläufigen Höhepunkt, denn nun begannen auch Parlament, Ministerien, Botschaften und internationale Organisationen das Stadtbild zu prägen.

Die Urbanisierung Irlands stand in unmittelbarer Beziehung zur Auswanderung: Emigration hieß Landflucht. Der soziale Wandel hatte auch einschneidende Konsequenzen für die Geschlechterbeziehungen, denn deutlich mehr Frauen zogen vom Land in die Städte, und viele Bauernhöfe wurden von nun an von alleinstehenden Männern und nicht mehr von Familien bewirtschaftet. Auch das West-Ost-Verhältnis veränderte sich um die Mitte des 19. Jahrhunderts, und zwar zu Ungunsten des Westens. Ohne Zweifel war Connacht am stärksten betroffen. Wem es hier finanziell möglich war oder wessen Familie bereits in Übersee lebte, emigrierte. Doch wenn in den extrem verarmten Provinzen des Westens die Bevölkerung drastisch zurückging, dann war das eher die Folge der Hungersnot als eine der Emigration. In den Jahren zwischen 1841 und 1851 starben in Irland über 1,62 Millionen Menschen, davon 56% Männer. Die meisten Todesfälle verzeichnete man in Connacht (29%), die wenigsten in Leinster (15%). Nachdem dann die Hungersnot überwunden und nunmehr vor allem die Emigration für den Bevölkerungsschwund verantwortlich war, stammte die Mehrheit der Emigranten aus dem vergleichsweise reichen Munster (19%) und nur 10% aus Connacht.

Schon in der ersten Hälfte des 19. Jahrhunderts hatte die saisonale Wanderung von Landarbeitern begonnen. Nach dem Einpflanzen der Kartoffeln und nach dem Torfstich für den kommenden Winter konnten sie Irland zwischen Frühsommer und Herbst verlassen. In England halfen sie vor allem bei der Getreideernte. Die Hauptwelle der Auswanderung setzte dann um 1845 ein. In den zehn Jahren bis 1855 verließen über zwei Millionen Iren ihr Land und gingen nach Nordamerika oder Australien, ungefähr 750 000 zogen nach England oder Schottland. Allein in Liverpool, das seit Jahrhunderten die britische Ausgangspforte für den Verkehr zur Nachbarinsel darstellte, kamen bis Juni 1847 30 000 Iren an, welche die Stadt nachhaltig prägten. Obwohl die Iren die weitaus größte Gruppe der europäischen Atlantiküberquerer bildeten, war Amerika nicht nur für sie das Hauptziel, sondern auch für Engländer, Norweger, Schweden, Portugiesen, Spanier, Italiener und Deutsche. In Amerika konnten die Iren zu einer Kultur des «Melting Pots» beitragen. Hier wie auch in anderen europäischen Ländern gehörten sie selbst als temporäre Arbeitsmigranten einem soziokulturellen Netzwerk an, das sich zu einer Immigrantengesellschaft mit teils explosiver religiöser Sprengkraft entwickelte.

Um einen Vergleich anzuführen, so wanderten im 19. Jahrhundert über 2,3 Millionen Schotten nach Nordamerika, Australien, Asien und Südafrika und über 600 000 in den Süden nach England aus. Norweger, Iren und Schotten bildeten Europas größte und mobilste Migrationsgesellschaften. In Manchester entstanden Ghettos wie z. B. New Town mit einem irischen Bevölkerungsanteil von über 60%. Städte wie Glasgow veränderten ihr Gesicht dramatisch, was sich im Falle von Glasgow bis in die Gegenwart in seinen verfeindeten Fußballclubs niederschlägt. Ähnliches widerfuhr New York, wo im Juli 1863 gewalttätige Ausschreitungen organisierter irischer Banden gegen kurz zuvor aus der Sklaverei entlassene und nun auf den Arbeitsmarkt drängende Schwarze über 1500 Todesopfer forderten. Seitdem ließ der Fluss der Emigration nach – versiegen sollte er aber nicht.

Die amerikanische Konjunkturkurve und die europäische Emigrationskurve verliefen ungefähr proportional zueinander. Der Anstieg Letzterer war auch ein Spiegel der Regelmäßigkeit von Hungersnöten in Irland. Noch zwischen 1871 und 1891 emigrierten über 1,4 Millionen Iren, d. h. ungefähr 70 000 jährlich, von denen nur 20% aus dem Norden der Insel stammten. Je besser ausgebildet vor allem die Frauen waren, umso eher tendierten sie dazu, ihre Heimat zu verlassen. Dabei hatten Frauen als Arbeitskräfte auf dem Land eine zentrale Bedeutung und trugen, solange der Ackerbau weiter verbreitet war als die Viehzucht, die größte Last, zumal wenn sie einem Haushalt vorstanden, in dem es gewöhnlich viele Kinder, aber kaum Personal gab. Die emigrierenden Männer stammten hingegen vorwiegend aus den schlechter ausgebildeten bis proletarischen Schichten, die in der Landwirtschaft für niedrigste Löhne ohne Aufstiegschancen arbeiteten.

Während fast überall in Europa zwischen 1870 und 1914 weniger Kinder pro Familie geboren wurden, hatte eine südirische Familie durchschnittlich sechs, eine nordirische fünf Kinder. Auf dem Land war es üblich geworden, dass man spät heiratete und dennoch viele Kinder bekam. Auf Druck der katholischen Kirche sank das Heiratsalter jedoch allmählich auf unter 21, womit die Zahl der Geburten noch anstieg. Die Mehrzahl der Nachkommen wanderte aus und subventionierte ihre Familien durch ihre in Übersee erworbenen Verdienste. So steuerte die Internationalität der Familien zu ihrer sozialen und materiellen Absicherung bei.

Bildung und geistiges Leben

Noch zu Beginn des 19. Jahrhunderts war das primäre Bildungswesen in Irland völlig unterentwickelt. Wenn überhaupt, wurde die breite Masse der Bevölkerung im Freien unterrichtet, ohne Schulgebäude. Der Einfluss des katholischen Klerus war omnipräsent, bis hin zur Organisation der täglichen Schulspeisung, die ausschließlich katholischen Kindern zuteilwurde, durch die Irish Christian Brothers und die Ursulinen. Schulische Erziehung war eine Angelegenheit der Kirchen, die auch hier ihre religiösen Grabenkämpfe austrugen und eine interkonfessionelle Schulbildung ausschlossen. 1831 führte die britische Regierung ein nationales Bildungssystem in Irland ein. In diesem Jahr hatte es nur 789 Schulen im ganzen Land gegeben, doch schon 20 Jahre später war ihre Zahl auf 3501 mit insgesamt über 400 000 Schülern gestiegen. Erneut offenbarte die Hungersnot die regionalen Diskrepanzen: Ulster besaß über 40% der Schulen, Connacht lediglich 10%. Das Analphabetentum war ein ländliches Problem. Zudem war der Bildungsgrad von der Konfessionszugehörigkeit abhängig. 1841 konnte etwas weniger als die Hälfte der irischen Bevölkerung weder lesen noch schreiben; 1911 waren es immerhin noch 12%.

Wer des Schreibens nicht mächtig war, beherrschte meist das Gälische. Mitte des 19. Jahrhunderts benutzte noch jeder vierte Ire diese Sprache im Alltag, 50 Jahre später noch jeder zehnte. Damit konnte an die mündliche Tradition des Mittelalters angeknüpft werden. Gleichzeitig erhielt die Sprache eine politische Bedeutung, die an die soziale Stellung ihrer Sprecher geknüpft war: Englisch wurde als die Sprache der Reformation, der Hochkirche, der gebildeten, kommerziellen, professionellen Schichten, des protestantischen Dubliner Trinity College, der Union angesehen. Gälisch, einst ein Symbol der irischen Kultur, wurde darauf reduziert, die Sprache der Armen und Ungebildeten zu sein. Das konnte auch die 1893 gegründete Gaelic League nicht verhindern, die zu akademisch ausgerichtet war und dem wissenschaftlichen Interesse den Vorrang vor dem praktischen Umgang gab. So blieben dem Gälischen zwei Wege: als Alltagssprache mit abnehmender Anschlussfähigkeit und als Literatursprache ohne Außenwirkung.

Gälische Dichter des 18. Jahrhunderts wie Eoghan Ruadh Ó Súilleabháin waren in Armut gestorben. Die auf Gälisch verfassten Werke ihrer Nachfolger wie z. B. Humphrey O'Sullivan wurden gar nicht erst gedruckt, bevor W. B. Yeats diesen Autor wie auch Aodhagán Ó Rathaille und Brian Merriman im Umkreis des «Gaelic Revival» wiederentdeckte. Charles Lever, Emily Lawless und Sheridan Le Fanu schlossen sich an. Charakteristisch für die Bewegung der gälischen Wiedergeburt waren ihr spätromantischer Keltismus, ihr christlich-esoterischer Okkultismus, ihre gleichsam archaisierende Abkehr vom Materialismus und Rationalismus der Moderne sowie ihre Rückkehr zur Folklore, zu alten Tänzen, alter Poesie und Liedkultur. Die politische Botschaft von Yeats' Drama *The Countess Cathleen* (1892), das in Irland zur Zeit einer Hungersnot spielt, war unzweideutig. Das Stück wurzelte in einer typisch irischen Ästhetik des Fin de Siècle, einem markanten Gegenentwurf zur englischen Literatur der Jahrhundertwende. Sein Forum war nicht die politische Bühne, sondern das 1899 in Dublin ins Leben gerufene Irish Literary Theatre (seit 1904 Abbey Theatre) sowie das 1928 gegründete Gate Theatre. Yeats erhielt 1923 den Literaturnobelpreis – eine Antwort der Weltöffentlichkeit auf das Verlangen Irlands nach politischer Anerkennung und auf die symbolische Verzahnung von Literatur und Politik.

Land, Home Rule und Protestantischer Unionismus

Für die, die den Hunger überlebten und nicht auswanderten, war Irland nach 1850 ein anderes Land geworden. Mit dem Bevölkerungsschwund war eine besonders produktive Altersgruppe verloren gegangen. Übrig blieben verlassene Dörfer und unbestellte Felder. Aber man zog Lehren aus der Hungersnot. Die Pachtbetriebe wurden wie erwähnt vergrößert und die Realerbteilung von Landbesitz verboten. Lebensfähigere Großbetriebe traten an die Stelle der kleinen Höfe, Landarbeiter ersetzten die Wanderarbeiter. Mit Ausnahme des nach wie vor überbevölkerten Westens ordnete sich der ländliche Raum schließlich grundlegend neu, indem die Großviehwirtschaft den Ackerbau verdrängte, Ackerland also in Grünland verwandelt und Futterpflanzen wie Rüben und Hafer vermehrt angepflanzt wurden. In vielen Städten und Dörfern des Ostens und Südens der Insel wurde der monatliche Viehmarkt wichtiger als der Wochenmarkt.

Die Londoner Regierung hatte die gewöhnlich als «irische Frage» bezeichnete Krise nicht in den Griff bekommen und dem liberalen Freihandelsprinzip folgend ein Land sich selbst überlassen, für dessen Administration sie doch verantwortlich war. Der Liberale William Ewart Gladstone, der erstmals 1868 britischer Premierminister wurde, leitete eine Reform- und Integrationspolitik ein, von der er sich auch eine höhere Krisenfestigkeit Irlands versprach. 1869 wurde die protestantische irische Staatskirche aufgehoben und die allgemeine Schulpflicht eingeführt. Das Selbstbestimmungsrecht Irlands sollte sich in einem Kernbegriff dieser Epoche wiederfinden: «Home Rule». Daraus wurde ein politischer Kampfbegriff, den die Unionisten in «Rome Rule» umformulierten. Ein selbstverwaltetes Irland, so meinten sie, werde letzten Endes vom Papst regiert.

Wie schon zu O'Connells Zeit spielte die Landfrage für die Katholiken nun eine zentrale Rolle. Ihre Lösung war an den Erfolg eines politisierten katholischen Klerus geknüpft. Dessen moralisch-politische Führung, etwa in Gestalt von Kardinal Paul Cullen, forderte unbedingten Gehorsam ein, war loyal zu Rom und pflegte engen Kontakt zur katholischen Kirche in Amerika. Im Gegenzug versprach sie, sich für die Rechte der Kleinpächter und landlosen Tagelöhner einzusetzen. Auch der Protestantismus im Norden organisierte sich neu, zumal in Belfast, wo sich ein Industrieproletariat mit der gleichen Selbstverständlichkeit von den Katholiken abgrenzte, wie im Süden die republikanischen «Fenier» konfessionelle Grenzlinien zogen.

Die Fenier waren weniger als separatistische Organisation im eigentlichen Sinne gegründet worden, sondern waren vielmehr ein Produkt der politischen Zeitläufte nach der Hungersnot. Als Geheimgesellschaft boten sie ein Sammelbecken für unterschiedlichste Strömungen, darunter die irischen Emigranten in Amerika, Restbestände der agrarischen Untergrundbewegungen aus den 1830er Jahren und der Young Irelanders sowie Vorbilder der europäischen Revolutionäre von 1848. Ihre politische Rhetorik glich einem Historiengemälde. Nationalistisches Pathos in den grellen Farben einer im Mittelalter einsetzenden Unterdrückungsgeschichte mischte sich mit einem anglophoben Opfergestus. Demzufolge bezahlte jeder einzelne Ire mit seinem Tod für die Auferstehung der irischen Nation, wofür die Hungerkatastrophe als Sinnbild diente. Das Personal der Fenier war ähnlich bunt gemischt. John O'Leary und John Mitchel verkauften den Nationalismus als säkulare Religion. Sie gerieten damit zwar unweigerlich in Konflikt mit dem Herrschaftsanspruch der katholischen Kirche, führten aber das etwa im Bildungswesen stichhaltige Argument der Modernisierung der Gesellschaft ins Feld. Ihr Ziel war die Revision der ungleichen Besitzverhältnisse auf dem Land. Nur 1,5 %, kaum 300 aller Landlords in Irland, besaßen ein Drittel des gesamten Landes. Ihnen standen fast 100 000 Pächter gegenüber, von denen der Großteil kleine Parzellen von lediglich 20 Hektar bewirtschaftete. Die das politische Leben in Irland im letzten Drittel des 19. Jahrhunderts dominierende Landfrage entlud sich schließlich gewalttätig im «Landkrieg» von 1879–1882.

Technologische Innovationen bei der Einfuhr der Ernte, die in Großbritannien zur gleichen Zeit revolutionär wirkten, sowie das dort ausgeklügelte System des Fruchtwechsels und moderne Entwässerungsanlagen hatten Irland selbst im späten 19. Jahrhundert noch nicht erreicht. Horace Plunketts 1894 gegründete Irish Agricultural Organization Society sollte den archaischen Verhältnissen entgegenwirken. Der Autor des Buches *Ireland in the New Century* (1904) war zuversichtlich, dass eine Lösung der Landkonflikte auch zu einer politischen Aufbruchsstimmung führen würde. Plunketts gemäßigter Optimismus erinnerte an Grattans Versöhnungsversuche 100 Jahre vor ihm und war bestrebt, der nationalistischen Obstruktionspolitik entgegenzuwirken, die der irische Politiker Charles Stewart Parnell im britischen Parlament vertrat. In einem Land, wo immer noch mit Sichel und Sense geerntet wurde und in dem die Gutsbesitzer ihr Vermögen nicht investierten, hofften die Pächter, zumindest nicht ihre Pachtverträge zu verlieren. Die Irish Land League von Michael Davitt kämpfte dafür, dass zahlungsunfähige Bauern nicht von ihren Höfen vertrieben wurden. Als sie jedoch die Enteignung der Gutsbesitzer forderte, das Pachtsystem prinzipiell ablehnte und die von Gladstone eingebrachten

Landgesetze von 1881 und 1882 boykottierte, verlor die Irish Land League Anhänger. Die Kampagne für gerechte Pachtgesetze setzte sich auch mit Charles Boycott, einem Vertreter des Landadels, auseinander und benannte seitdem ihre Politik nach seinem Eigennamen.

Gladstone wollte der Radikalisierung des katholischen Nationalismus vorbeugen, indem er als Geste imperialer Konzessionsbereitschaft die Home Rule einzuführen suchte. Zeitgleich bedrohten Ägypten, Südafrika und Indien ebenso wie die globale Konkurrenz der aufstrebenden imperialen Mächte Deutschland, USA und Japan das Selbstverständnis des Britischen Empires. So nahm die britische Politik die irischen Landunruhen ernster denn je. Für Parnell, den autokratischen Parteiführer, der von Isaac Butt die Home-Rule-Bewegung übernahm und sie in eine straff organisierte parlamentarische Partei umformte, bot sich hier die Gelegenheit, das katholische Irland zu stabilisieren. Er schuf ihm eine mächtige Stimme im Parlament von Westminster. Spätestens mit dem großen Wahlerfolg von 1885 waren lokale und nationale Kräfte auf einen Nenner gebracht worden.

Gladstones Government of Ireland Bill aus dem Jahr 1886, die das Parlament am Ende ablehnte, spaltete nicht nur die englischen Liberalen in Sympathisanten und Gegner der Home Rule; sie offenbarte auch, wie die komplizierte Parteienlandschaft Westminsters das Auseinanderdriften Irlands reflektierte. So wurden die englischen Konservativen Verbündete der irischen Unionisten. Konservative Parteiführer wie Arthur und Gerald Balfour sowie George Wyndham trieben die Modernisierung Irlands, besonders der Landwirtschaft, voran. Doch wenn der «konstruktive Unionismus» eine moderate Reform des nationalen Wahlsystems und des lokalen Pachtsystems befürwortete, so war das maßgeblich der Devise «Killing Home Rule by kindness» geschuldet: der Überzeugung also, begrenzter materieller Wohlstand und limitierte politische Partizipation würden das katholische Verlangen nach nationaler Freiheit aushöhlen.

In wirtschaftlicher Hinsicht zog Irland Vorteile aus der Union. Die Arbeiterbewegung emanzipierte sich lange nicht von ihren Bindungen nach England und Schottland und blieb in den Interessen zahlreicher Einzelverbände stecken. Außerdem definierte sie sich entweder allein als katholisch oder als protestantisch. An eine nationale Solidarität war daher nicht zu denken. Ein Merkmal der Home-Rule-Bewegung war deshalb nicht zuletzt ihre Aufsplitterung in Fraktionen, ob in der Industrie oder auf dem Land. Folglich wurde der Kampf gegen die Verfassung der Union im Wesentlichen auf politischer Ebene und nicht an der Basis ausgetragen. England war als mächtiger Arbeitgeber zwar nicht willkommen, aber unentbehrlich.

In Ulster hatte sich mit dem wirtschaftlichen Erfolg und Wohlstand ein Widerwillen gegen jedwede Form eines Ausgleichs zwischen Großbritannien und dem katholischen Irland entwickelt. Die Ascendancy Nordirlands war schon traditionell gegen die Trennung von Staat und Kirche und gegen die Landreformen gewesen. Aber ihr Misstrauen wuchs mit jedem Tag, an dem Arbeitslosigkeit und Armut sich zu Merkmalen des Südens verfestigten. Das Bürgertum und die Werftarbeiter von Belfast empfanden die Katholiken als Rivalen – auf dem Arbeits- und Wohnungsmarkt, im politischen Diskurs und im Ringen um die öffentliche Meinung. Wann immer das Thema Home Rule zwischen 1886 und 1912 das politische Tagesgeschäft dominierte, organisierten sich die Unionisten als militante Orangemen. Ihr Ziel, die Vormachtstellung des Protestantismus in Nordirland aufrechtzuerhalten, unterstrich der Orange Order, ein nach dem Vorbild der Freimaurer 1795 gegründeter Geheimbund. Seine Farbe und der Gedenktag des 12. Juli, an dem man der gewonnenen Schlachten Wilhelms von Oranien an der Boyne und bei Aughrim (1690 und 1691) gedachte, waren unmissverständliche Botschaften von einer nicht länger verhandelbaren Lebenswirklichkeit.

Die Fronten zwischen Norden und Süden verhärteten sich, weil das Sektierertum institutionalisiert wurde. Auf unionistischer Seite entstanden Organisationen wie die Irish Unionist Alliance (1891) und der Ulster Unionist Council (1905). Als paramilitärische Organisation etablierte sich die Ulster Volunteer

Force, die im Januar 1913 90 000 Mitglieder zählte. Ihre Sprache ließ keine Zweifel offen. Man kämpfe, so die Volunteers, gegen die Home Rule, weil der herrschende Katholizismus unheilvolle materielle Folgen für ganz Irland, nicht nur für Ulster habe.

So sehr zu dieser Zeit Konfrontation und Antagonismus die späteren Hauptkennzeichen des Nordirlandkonflikts vorwegnahmen, so wenig spielte in Dublin oder in London der Gedanke an eine Teilung der Insel in zwei autonome politische Verwaltungen eine Rolle – jedenfalls solange sich der Druck der protestantischen Solemn League and Covenant kontrollieren ließ und die Militarisierung der Irish National Volunteers im Süden nicht weiter voranschritt. Kurz vor Ausbruch des Ersten Weltkriegs stand Irland am Rand eines Bürgerkriegs. Der Unionist Edward Carson, Jurist von internationaler Reputation seit seinem Prozess gegen Oscar Wilde, trug die Spannung in das liberale Kabinett von Herbert Asquith, das 1912 ein weitreichendes Home-Rule-Gesetz verabschiedet hatte. Ulster bildete zunehmend eine Drohkulisse für die britische Politik, so sehr, dass nach dem Dubliner Osteraufstand von 1916 die sechs nördlichen Grafschaften schließlich permanent von der Home Rule ausgeschlossen bleiben sollten.

Irland und das Britische Empire

Keineswegs alle Iren betrachteten sich als Feinde Englands. Ihre quasi-koloniale Verbindung lud dazu ein, im imperialen Umfeld Karriere zu machen. Als Lord Meath mit dem 1903 ins Leben gerufenen Empire Day unter dem Motto «One King, One Flag, One Navy» die Dominions zu mehr Begeisterung für ihr Weltreich aufforderte, äußerte der konservativ-unionistische *Belfast News-Letter*, keiner bringe dem Empire mehr emotionale Verbundenheit entgegen als Ulster. Die Loyalität gelte dem Union Jack. Das ist bemerkenswert, weil in den anderen drei Nationen der britischen Inseln nicht die Flagge, sondern stets die Krone die stärkste zentripetale Kraft darstellte.

Krisen wie der Südafrikanische Krieg (1899–1902), in dem

die meisten Iren auf Seiten der Buren kämpften, bedeuteten nicht, dass sie sich nicht anderswo für das Empire engagierten. Der südafrikanische Politiker Jan Christian Smuts z. B. war allerdings fest davon überzeugt, dass es im ureigensten Interesse der Siedlerkolonien wie auch Großbritanniens liege, mittelfristig in ein Commonwealth überführt zu werden. Die irische Wunde, meinte Smuts 1919, vergifte die globale Pax Britannica. Anfang des 20. Jahrhunderts war Südafrika ein loyaler Partner der Briten geworden, etwas, was andere sich auch von Irland erhofften. 1882, 1886, 1887 und 1903 unterbreitete das kanadische Unterhaus der Londoner Regierung Vorschläge, wie eine moderate Home Rule nach kanadischem Vorbild in Irland realisierbar sei. Ähnliches taten die Australier im Jahr 1906. Doch waren dies Perspektiven kolonialer Siedlergesellschaften, die die extremen Nationalisten Irlands, ähnlich denen Indiens, nicht teilten, weil sie glaubten, ihre Nation sei weiterhin vorwiegend fremdbestimmt. Als sich im Sommer 1900 antikoloniale Verbände aus dem gesamten Empire in London zur ersten Pan-Afrikanischen Konferenz versammelten, war die Irish National League besonders prominent vertreten.

Zur gleichen Zeit hatten Iren zahlreiche Aufgaben und Positionen im Britischen Weltreich inne, so z. B. im christlichen Missionsdienst, im Schuldienst, als Kaufleute, im Militär oder in der Administration. Sport, namentlich Golf, Kricket und Hockey, diente ihrer imperialen Sozialisation und dem Export britischer Traditionen. Schon 1854 war im Trinity College Dublin der zweitälteste Rugbyverein der Welt entstanden. In den 1890er Jahren wurden sieben von acht Provinzen Indiens von irischen Statthaltern verwaltet. In der dortigen Armee lag zeitweilig das Kommando ganz in irischer Hand, während ihre Regimenter fast ausschließlich aus katholischen Arbeitern bestanden. Spitzenpositionen eroberte sich der protestantische Kleinadel, der im Britischen Empire noch den sozialen Respekt genoss, den er in Irland nicht mehr besaß.

Entgegen allen Stereotypen traten auch zahlreiche Katholiken in den angesehenen indischen Staatsdienst ein. Der aus der Grafschaft Mayo stammende Antony MacDonnell z. B., der 1885 ein Gesetz zum Schutz bengalischer Bauern erwirkte, gelangte in die Stellung des Generalgouverneurs der United Provinces in Indien und regierte damit über eine Bevölkerung von 40 Millionen Menschen. Mit gleichem Erfolg machte sich MacDonnell, der Irland noch nicht reif für Home Rule hielt, an das irische Landgesetz von 1903, mit dem mittelfristig der Landbesitz auf die Pächter übergehen sollte.

Manchen irischen Geschäftsleuten erschloss sich bereits um 1880 ein globaler Markt jenseits der Grenzen des britischen Weltreichs. Straßennamen in Belfast geben davon Zeugnis. Die Kitchener Street und die Kashmir Road erinnern an das Empire, die Kansas Avenue aber öffnet den Blick über den Atlantik. Dagegen ist in Dublin die imperiale Vergangenheit heute verständlicherweise nur gebrochen präsent. Statuen von Königin Viktoria und von Lord Nelson wurden gesprengt. Schließlich diente Irland in vielerlei Hinsicht als Versuchsfeld für die imperiale Zivilisierungsmission Großbritanniens. Umgekehrt meinte der Vizekönig von Indien Lord Dufferin, zu seiner Zeit habe der indische National Congress aus den Erfahrungen O'Connells und Parnells gelernt. In seinen Erinnerungen beschrieb Jawaharlal Nehru, der erste Premierminister des unabhängigen Indien, wie er als Student in England vor 1914 auch Irland besuchte und von den frühen Anfängen der Partei Sinn Féin («Wir selbst») begeistert war. Loyalisten wie die nordirischen Unionisten, die sich im Frühjahr 1912, von Winston Churchill angeregt, zu großen Anti-Home-Rule-Demonstrationen in Belfast zusammenfanden, inspirierten ihrerseits den Widerstand der weißen Siedler gegen das Unabhängigkeitsstreben von Rhodesien und Kenia.

Zwischen Krieg und Revolution

Die Zeit, in der die Gewalt in Irland eskalierte, verdichtete sich zwischen Erstem Weltkrieg und der Gründung des Irischen Freistaats 1922. In den vier Kriegsjahren folgten fast 200 000 irische Männer, darunter auch Immigranten in England und im Empire, freiwillig dem Ruf der englischen Krone. Ungefähr

40000 fielen im Krieg. Vor 1916 dienten etwa 3,7%, danach nur noch 1,7% der Gesamtbevölkerung, weil die Einberufung zum Militärdienst nur Briten verpflichtete. Den größten Anteil machten Katholiken aus, was nicht religiöse, sondern sozioökonomische Gründe hatte. Auch wer auf der Insel blieb, konnte finanziell vom Krieg profitieren, so vor allem die Großbauern im Südosten. Ihre Preise für landwirtschaftliche Produkte verdoppelten sich während des Krieges, und auf dem britischen Markt hatten sie keine europäische, besonders keine deutsche Konkurrenz mehr zu befürchten.

Der «Große Krieg» trug allerdings nicht zu einer euphorischen Solidarität mit den Engländern bei. Die Führer der Ulster Unionists, Edward Carson und James Craig, stellten zwar eine eigene Division auf, und auch die Irish Parliamentary Party unter John Redmond unterstützte die Briten mit Freiwilligen. Andererseits bot Roger Casement dem Deutschen Reich eine irische Brigade an. Der ehemalige britische Konsul im Kongo und dortige Chefankläger des belgischen Königs Leopold war an dem Versuch beteiligt, ein deutsches U-Boot nach Dublin einzuschleusen. Vom Kaiser erhoffte er sich mehr Unterstützung für die Sache der irischen Unabhängigkeit als von Amerika. Casement besaß intime Kenntnisse der global verstreuten Krisengebiete, in denen gegen die Kolonialmacht gekämpft wurde. Wie Mary Kingsley, Emily Hobhouse, Keir Hardie und andere Vertreter der internationalen humanitären Bewegung seiner Zeit sah auch Casement Irlands Fall im internationalen Licht. Bei Intellektuellen im Umkreis von Yeats, so etwa bei Maud Gonne und Constance Markiewicz, drückte sich eine romantische Verklärung Irlands sowie die Idealisierung der Feinde des Britischen Empires auch in ihrer Germanophilie aus.

Für dieses Irland ließen 64 Rebellen während der Niederschlagung des Osteraufstands 1916 ihr Leben; 15 wurden im Anschluss hingerichtet. Am 24. April 1916, dem Ostermontag des Jahres, wurde das Dubliner Hauptpostamt von 1558 Irish Volunteers und einer kleinen Bürgerarmee aus 219 Soldaten unter Anführung des Schriftstellers Patrick Pearse und des Sozialistenführers James Connolly als ihr Hauptquartier eingenommen. Bereits sechs Tage später, nach dem Tod von 318 Zivilisten und 132 Soldaten, war der Osteraufstand niedergeschlagen. Die Rebellen, unter denen sich neben Volunteers Mitglieder der Irish Republican Brotherhood, Sinn Féins und der Gaelic League befanden, sprachen nicht mit geeinter republikanischer Stimme. Sie agierten vielmehr fragmentarisch und konnten nur auf schwache Sympathien in der Öffentlichkeit bauen. Ihr Plan einer nationalen Erhebung ging daher nicht auf. Vor dem Postamt verkündete Pearse die Irische Republik als souveränen, unabhängigen Staat, mit dem die Nation die Union überwinden solle. Öffentliche Plätze und Gebäude, Brücken und Fabriken wurden kurzzeitig heftig umkämpft. Wie so oft bei kriegerischer Gewalt waren vornehmlich die Zivilisten die Leidtragenden. Eine stark zerstörte Dubliner Innenstadt, Plünderungen, 3500 willkürliche Verhaftungen landesweit und die Verhängung des Kriegsrechts gehörten zur traurigen Bilanz. Im Ergebnis hatten die Briten Irland wie eine abtrünnige Kolonie abgestraft und wahllos Konspiration auch dort unterstellt, wo man wie im Westen von Connacht lediglich gälische Kulturtraditionen pflegte.

Als Folge driftete Irland in eine politische Sackgasse. Weder waren die Anglisierung und die Union aufgehoben, noch wurde einem anglo-irischen Ausgleich, der sich durch die moderate Home-Rule-Gesetzgebung seit 1912 abzuzeichnen begonnen hatte, eine Chance gegeben. Auch war der elitäre Reformkonstitutionalismus im anbrechenden Medienzeitalter der Öffentlichkeit nicht länger vermittelbar. Éamon de Valera, dessen spanisch-amerikanischer Familienhintergrund ihn 1916 wohl vor der Hinrichtung bewahrt hatte, ging deshalb den Weg einer Popularisierung der republikanischen Idee. Gemeinsam mit Arthur Griffith, einem ehemaligen Kämpfer für die Unabhängigkeit Ungarns, gelang es ihm, Sinn Féin bei den allgemeinen Wahlen von 1919 einen überwältigenden Sieg zu sichern. In den 26 Grafschaften des späteren Irischen Freistaats erhielt die Partei 65 % der Stimmen. Dabei profitierte sie davon, dass die noch junge Labour Party zugunsten der Freiheitsbewegung keine eigenen Kandidaten aufstellte. Labours Unterordnung unter die nationale Frage marginalisierte allerdings langfristig die irische Arbeiterbewegung in Europa.

Die 1905 gegründete Partei Sinn Féin vertrat einen radikalen Separatismus und die Auffassung, die Loslösung Irlands von Großbritannien müsse aus eigener Kraft und ohne Hilfe von Seiten der britischen Liberalen, welche die Home Rule befürworteten, erreicht werden. Sinn Féin begriff sich nach der Wahl von 1919 als legitimes Parlament Irlands (Dáil Éireann), weshalb die 27 Abgeordneten ihre Mandate in Westminster nicht antraten, und verkündete die Republik, als deren erster Präsident de Valera bestimmt wurde. Dieser aber befand sich bis Ende 1920 in den USA, wo er um Unterstützung warb. Die britische legislative, exekutive und administrative Autorität sollte fortan ignoriert werden, und Sinn Féin richtete eigene Gerichte ein.

Was den Feniern in der Mitte des 19. Jahrhunderts noch nicht gelungen war, sollte nun im südlichen Teil der Insel Realität werden. Doch mit der Proklamation der Republik gab es kein politisches Gesamtirland mehr. In den sechs Grafschaften des Nordens lebten ungefähr 1,3 Millionen Menschen, die zu zwei Dritteln der protestantischen Kirche angehörten; im Süden der Insel waren mehr als 90% der insgesamt 3,1 Millionen Einwohner Katholiken. Den antibritischen Widerstand in Dublin unterstützten guerillaartige, von Michael Collins organisierte Aufstände im ganzen Land, das dadurch unregierbar wurde. Wie Russland und Deutschland hatte auch Irland seine Revolution. Klassenkonflikte äußerten sich in einer seit den Landunruhen der 1870er und frühen 1880er Jahre nicht mehr gekannten Unerbittlichkeit, die Arbeitslosigkeit erreichte neue Rekordzahlen. Die Solidarität unter den Arbeitern aber verschwand beinahe völlig, als fast 10 000 Katholiken aus Belfaster Fabriken und über 23 000 aus ihren Häusern vertrieben wurden. Im Norden richtete man sich jetzt auf einen kompakten protestantischen Staat ein.

Die Hauptcharaktere auf der politischen Bühne im Süden hätten unterschiedlicher nicht sein können und spalteten sich an der Entscheidung, ob sie den Anglo-Irischen Vertrag vom 6. Dezember 1921 akzeptieren sollten. Der Vertrag sah die Bildung eines Irischen Freistaats vor, der zu diesem Zeitpunkt noch die gesamte Insel umfassen sollte, wobei er den sechs Grafschaften Ulsters das Recht gab auszutreten. Er war ein Kompromisswerk, eine Konsequenz des Drucks der öffentlichen Meinung in Amerika einerseits und Großbritannien andererseits. Die USA förderten das Selbstbestimmungsrecht kleiner Nationen, für dessen Verteidigung sie im Ersten Weltkrieg gekämpft hatten, und stellten sich hinter die Republik; zugleich konnten die Protestanten in Ulster erwarten, für ihre hohen militärischen Verluste in Europa und im Empire entschädigt zu werden.

Der Anglo-Irische Vertrag sah noch einen gesamtirischen Eid auf die Krone vor, ohne aber damit der Teilung vorbeugen zu können. Im Gegenteil: Als er am 7. Januar 1922 mit einer knappen Mehrheit von 64 zu 57 Stimmen angenommen wurde und bei der Wahl im Juni 1922 die Vertragsbefürworter 58 Parlamentssitze, die Gegner aber nur 35 Sitze errangen, brach der Bürgerkrieg aus. Erneut stand ein zentrales Dubliner Gebäude, diesmal das Zollhaus, im Mittelpunkt der Feindseligkeiten. So gingen der am 21. Januar 1919 begonnene Unabhängigkeitskrieg («Black and Tan War») und der Bürgerkrieg, der im Frühjahr 1923 sein Ende finden sollte, gleichsam ineinander über.

Der Freistaat, der am 6. Dezember 1922 schließlich mit einer neuen Verfassung ins Leben trat, umfasste folglich nur die 26 Grafschaften außerhalb Ulsters. Noch hegten die meisten Iren die Hoffnung, der Norden werde aus ökonomischen Gründen sehr bald die Wiedervereinigung anstreben. Formal glich der Irische Freistaat einem Dominion im Britischen Empire, war also noch keine Republik. Damit konnten sich jedoch die Gegner des Anglo-Irischen Vertrags wie de Valera nicht zufriedengeben, und sie zogen daher aus dem Parlament aus. Für die republikanischen Verbände kam der Freistaat einer Niederlage gleich, für die Insel besiegelte er die Teilung und die Etablierung eines terrorähnlichen Untergrunds, für die ungehörten Katholiken Nordirlands festigte er ihren Minderheitenstatus in Ulster. Für alle Iren aber, in Europa wie in Übersee, hinterließ er eine schwere Hypothek für das gesamte 20. Jahrhundert.

V. Teilung und Internationalisierung 1922–2012

Der Begriff der Nation kann als Leitbegriff für die Darstellung der irischen Geschichte im 20. Jahrhundert dienen, denn seit 1921/22 ist die Insel eine geteilte Nation. Er steht damit auch für Jahrzehnte der Gewalt in Nordirland und den modernen Friedensprozess, für den langen Schatten der Vergangenheit und die Hoffnung auf eine Zukunft jenseits des Nationalstaats.

Gewalt als Grundmotiv

Als der Bürgerkrieg im Mai 1923 zu Ende ging, hatte die Teilung in den Irish Free State im Süden und den britisch verbliebenen Norden eine neue Qualität der politischen Gewalt ausgelöst. Als wesentliches Dilemma kristallisierte sich der fehlende Schutz der religiösen und politischen Minderheiten heraus. Der Gewalt ausgesetzt, griffen sie selber zum Terrorismus als Mittel der Politik. Die Militarisierung schritt unaufhaltsam voran, obwohl der Aussöhnungsversuch vorsah, dass der Freistaat wie auch Ulster nach britischem Vorbild jeweils ein eigenes Zweikammerparlament erhalten würden, Irland zudem 46 Abgeordnete nach Westminister entsenden und der englische Monarch Staatsoberhaupt von ganz Irland bleiben sollte.

Der Norden nahm das Modell an. Der Süden hingegen besaß in dem 1919 geschaffenen Dáil Éireann bereits ein eigenes Parlament und erhoffte sich einen Status im Commonwealth, wie ihn Kanada und Australien besaßen. 1931 gewährte ein Londoner Gesetz allen Dominions weitgehende Autonomie, doch davon war Irland in den 1920er Jahren noch weit entfernt. Ein Stein des Anstoßes für die katholischen Nationalisten war der Loyalitätseid auf die britische Krone.

Die Gewalt war mit dem Ende des Bürgerkriegs zwar kurzzeitig gebündelt, zugleich aber durch die Teilung auch verstetigt. In Belfast wurden katholische Werftarbeiter zu Tausenden entlassen. Die Protestanten wiederum konnten sich nicht in einen Staat fügen, der seine Identifikation vornehmlich aus dem Kampf um Unabhängigkeit, dem Katholizismus sowie der Wiederbelebung der gälischen Tradition und Kultur bezog. In vielen Aspekten, etwa mit Blick auf die politische Gewalt im Faschismus der 1930er Jahre, war die Entwicklung in Irland mit der im übrigen Europa vergleichbar. Auch hier verbreiteten sich der Ultranationalismus und Formen des Terrorismus, wie man sie in anderen Ländern kannte. In dieser Hinsicht war Irland fest eingebettet in die europäische Geschichte des 20. Jahrhunderts.

Eigenwege des Südens

Die gälischen Traditionsbestände nach Jahrhunderten der Marginalisierung und der kulturellen Anglisierung wiederzuerwecken, war die Aufgabe von Dichtern und Gelehrten. Nach dem Vorbild James Macphersons, der im 18. Jahrhundert schottische Lieder gesammelt hatte, setzten sich die 1877 ins Leben gerufene Society for the Preservation of the Irish Language und besonders die Gaelic League das Ziel, aus der eigenständigen gälischen Vergangenheit eine irische Identität zu formen. 1925 machte die Gaeltacht Commission die Regionen Irlands ausfindig, in denen das Irische noch als erste Sprache gesprochen wurde. Doch gerade im Westen, wo das Gälische noch stark präsent war, war der Bevölkerungsrückgang besonders gravierend. 1926 war die Bevölkerung von Connacht im Vergleich zu 1841 auf 39% geschrumpft, 1979 sogar auf 29%. Ungeachtet der staatlichen Förderprogramme nahmen die gälischen Sprachkenntnisse kontinuierlich ab. 1956 sprachen noch ungefähr 85 700 Iren gälisch, 1971 waren es knapp 70 000. Doch sowie die antiquarischen Wissenschaften etabliert hatten, dass es ein eigenständiges Irland *vor* der angelsächsischen Kolonisierung gegeben habe, das erheblich zur Kultur und Gelehrsamkeit des frühmittelalterlichen Europas beigetragen habe, leitete die Politik daraus das Recht auf einen eigenen Staat ab.

Douglas Hyde, der Dichter und Präsident Irlands von 1937 bis 1945, war in den Zwischenkriegsjahren eine treibende Kraft bei dem Bestreben, seine Landsleute für das Gälische zu begeistern. In Musik und Tanz, in Grußformeln und in Kirchengebeten, in den Schulen und in der Erwachsenenbildung sollte eine autochthone Identität gestiftet werden, die das Irische vom Englischen abgrenzte. Dass das nur sehr eingeschränkt gelang und die gälische Sprache zwar vorübergehend unter Intellektuellen wie Yeats und Lady Gregory für Faszination sorgte, zugleich aber in der ländlichen Bevölkerung von Connacht und Munster deutlich zurückging, lag auch an der globalen Bedeutung des Englischen. Die Anglisierung Irlands nach der Gründung des Freistaats rückgängig zu machen und dabei die wachsende politische, wirtschaftliche und kulturelle Bedeutung der Iren in den USA zu ignorieren, war weder möglich noch sinnvoll.

Bereits 1923 wurde der Irische Freistaat in den Völkerbund und andere internationale Organisationen aufgenommen. Damit wurde ihm nicht nur weltweiter Respekt gezollt, sondern auch seine Fixierung auf den englischen Nachbarn ein Stück weit gelöst. Zugleich hatte innenpolitisch Arthur Griffiths Tod 1922 eine große Lücke hinterlassen. Dem charismatischen Führer des politischen Kompromisses, der sich stets an dem historischen Vorbild des österreichisch-ungarischen Ausgleichs (1867) orientiert hatte, folgte William Cosgrave, der ebenfalls das Ziel hatte, ganz Irland auf friedlichem Weg für den Vertrag mit Großbritannien zu gewinnen. Sein stärkster politischer Gegner, Éamon de Valera, war dennoch erfolgreicher darin, die republikanische Stimmung auf sich zu ziehen, womit er den politischen Konflikt unweigerlich verschärfte. Er trennte sich von Sinn Féin, dem legalen Flügel der Irish Republican Army (IRA), und gründete 1926 eine neue Partei, Fianna Fáil, die eine protektionistische Wirtschaftspolitik und gemäßigte soziale Reformen versprach. Mit der *Irish Press* schuf er 1931 eine Tageszeitung, die schließlich 1933 maßgeblich zur Erreichung der parlamentarischen Mehrheit beitrug. Sie konkurrierte mit der *Irish Times* (gegründet 1859), dem protestantischen Organ des irischen Bildungsbürgertums, das auf Issac Butts moderate Home-Rule-Bewegung zurückging.

Als de Valera sein Anliegen, den Eid auf die britische Monarchie abzuschaffen, umsetzen wollte, brach ein Zoll- und Handelskrieg zwischen dem Irischen Freistaat und Großbritannien aus, der bis 1938 dauerte. Durch die Abdankung König Edwards VIII. war die britische Monarchie 1936 in eine Krise geraten, und ihre momentane Schwäche entpuppte sich als Vorteil für Irland. Zu seinem Nachteil geriet hingegen, dass infolge der Weltwirtschaftskrise von 1929 Neuinvestitionen im Land größtenteils ausblieben. Großbritannien erhob hohe Zölle auf südirische Agrarexporte, seit die irische Regierung die noch aus dem 19. Jahrhundert stammenden Zwangsabgaben der Bauern an englische Gutsbesitzer aufgekündigt hatte. Ulster profitierte von der Intensivierung der Exporte und damit der Beziehungen zu den Briten, während sich die Zölle auf die wirtschaftliche Infrastruktur im Süden und die dortigen Arbeitslosenzahlen negativ auswirkten.

Nur parteipolitisch konnte Fianna Fáil aus dem anglo-irischen Konflikt Nutzen ziehen und sich als eigentlich staatstragende und populärste Partei etablieren. De Valera war irischer Premierminister (Taoiseach) zwischen 1932 und 1948 sowie 1951–1954 und 1957–1959. In seine erste Amtszeit fielen Ereignisse wie 1932 die Errichtung des Belfaster Parlamentsgebäudes in Stormont, 1933 die Gründung von Fine Gael, einem Zusammenschluss der Parteien National Guard und Cumann na nGaedheal, und 1937 die Ratifizierung einer neuen Verfassung für das dann offiziell so genannte Eire (Ireland) – gewissermaßen eine politisch souveräne Zwischenform, bis 1949 dann die Republic of Ireland ausgerufen wurde und der Süden der Insel das Commonwealth verließ. Nachdem die Briten Ende der 1930er Jahre wichtige irische Marinestützpunkte freigegeben und damit den Handelskrieg für beendet erklärt hatten, erlangte de Valera ein internationales Ansehen, das kein irischer politischer Führer seit Charles Stewart Parnell besessen hatte. Diese

Souveränität bildete eine Grundlage für Irlands Neutralität im Zweiten Weltkrieg, obgleich sich fast 50 000 irische Freiwillige zur britischen Armee meldeten.

Gänzlich neutral konnte Irland jedoch nach der Besetzung Frankreichs durch die deutsche Wehrmacht nicht bleiben, zu groß war die Gefahr der Invasion deutscher Truppen. Tatsächlich gab es Pläne der Nationalsozialisten, Irland von Westen aus zu erobern. Mineralöl und Lebensmittel wurden während des Krieges rationalisiert, die industrielle Produktion stagnierte. Der Agrarexport, der Irland während des Ersten Weltkriegs einen Boom verschafft hatte, wiederholte sich nicht. Doch auf das Versprechen des britischen Premierministers Chamberlain, sich als Gegenleistung für Irlands Kriegseintritt auf britischer Seite nach dem Krieg für die Wiedervereinigung der Insel einzusetzen, wollte sich niemand einlassen.

Katholische Kirche, politische und gesellschaftliche Spannungen

Die römische Kirche erhielt im Freistaat großen Einfluss. Zentrale Elemente der katholischen Sozialethik wie Geburtenkontrolle, das Verbot von Abtreibungen und die Unauflöslichkeit der Ehe wurden Bestandteil der Verfassung. Erst 1972 wurde die Sonderstellung der Kirche aus der Verfassung gestrichen. In Fragen der Presse- und Kinozensur handelte Südirland rückständiger und restriktiver als jedes andere europäische Land. Sogar die Werke so bedeutender Autoren wie James Joyce, George Bernard Shaw, Sean O'Casey und Frank O'Connor wurden von einem Censorship Board zensiert. Die staatliche Kontrolle über das Kino hatte bis 1964 Bestand, die über die Literatur bis 1967 und die über sexuelle Verhütung bis 1979.

Trotz in der Regel später Heirat war die Geburtenrate stabil bis hoch, und uneheliche Geburten wie Abtreibungen waren vergleichsweise selten. Das Verbot der Wiederheirat nach einer Scheidung wurde durch ein Referendum von 1986 mit großer Mehrheit bestätigt. Erst 1997 trat ein Gesetz in Kraft, das Ehescheidungen erlaubt, und dank bestimmter EU-Richtlinien öffnete sich der Staat zur gleichen Zeit Themen wie AIDS-Prävention und der Schwangerschaft von Jugendlichen. Wie hochproblematisch die Selbsteinschätzung der katholischen Kirche Irlands bis in die jüngste Zeit geblieben ist, verdeutlichten die Skandale von Kindesmissbrauch und sexueller Gewalt durch den Klerus, und zwar nicht nur auf der Insel, sondern auch über Jahrzehnte hinweg durch in Afrika stationierte Missionare.

Wer sich dem katholischen Einfluss entziehen wollte, emigrierte. Für das Selbstverständnis Irlands im 20. Jahrhundert war es eine heikle Angelegenheit, dass die Emigration und die innerirische Migration selbst nach der Unabhängigkeit nicht abflauten. Noch in den 1950er Jahren wanderten über 90 000 Menschen (6% der Gesamtbevölkerung) aus Nordirland aus, die Republik verließen nicht weniger als 400 000 bzw. 14% der Bevölkerung. Viele von ihnen waren ungelernte Arbeiter oder Landarbeiter, die eine neue Zukunft in den britischen Streitkräften suchten, andere entschieden sich vorerst für die Binnenwanderung in den Großraum Dublin. Gleichwohl blieb es ihnen nicht erspart, dass die Auswanderung, die im 19. Jahrhundert noch als wesentlicher Bestandteil von Irlands Schicksal akzeptiert worden war, nun als Flucht vor den irischen Alltagsproblemen moralisch verurteilt wurde.

Armut und Arbeitslosigkeit waren nur zwei der vielen Motive für eine Auswanderung, sexuelle Repression und mangelnde berufliche Entwicklungsmöglichkeiten zwei weitere, ebenso wichtige. Über 20% mehr Frauen als Männer emigrierten, vor allem nach Großbritannien. Frauen waren auch deutlich erfolgreicher in qualifizierten Berufen als ihre männlichen Mitbewerber. 1979 lebten in Leinster mit seinem reichen Angebot attraktiver Arbeitsplätze 2% mehr Frauen. Mit Blick auf ganz Irland bildeten Frauen allerdings eine leichte Minderheit. Im Laufe des 20. Jahrhunderts hatte sich in Irland das Geschlechterverhältnis so ungünstig entwickelt, dass im Durchschnitt auf dem Land auf 100 Männer nur 88 Frauen kamen, während in der Stadt auf 100 Frauen 93 Männer fielen. Noch 1841 hatten nur 4% der irischen Gesamtbevölkerung in Dublin gelebt. 130 Jahre später war es hingegen jeder Vierte, der in der Hauptstadt, und jeder Fünfte, der in Belfast wohnte. Die graduelle Urbanisierung verwandelte das Gesicht der Insel geographisch und sozial.

Diejenigen, die sich in der Heimat nicht in das katholische Weltbild und die Identifikation von katholischer Kirche und Freistaat fügen konnten, wurden häufig verfolgt. Organisationen wie die Legion of Mary von 1921 kannten für Kommunisten und Prostituierte, Homosexuelle und Ehebrecher kein Pardon. Katholische Interessenverbände übten beträchtlichen Druck auf Politik und Medien aus. Die schon 1915 gegründeten Knights of Saint Columbanus versuchten sicherzustellen, dass Katholiken auf dem umkämpften Arbeitsmarkt bevorzugt wurden und dass die Gesellschaft sich nicht pluralistisch organisierte, wie es die Verfassung vorsah, sondern sich uniform gab, wie es der Kirche nutzte. So erinnerte das moderne Irland des 20. Jahrhunderts in manchem eher an den Puritanismus der Viktorianer als an die moralische Freizügigkeit der mittelalterlichen keltischen Vorfahren. Dies ist nur eine der Paradoxien der irischen Anglophobie.

Dazu kam das zunehmend prekäre Verhältnis zu Ulster. Die Teilung hinterließ ihre Spuren bis in die Kommunikationswege. Besaß das Land 1866 fast 2000 Meilen Eisenbahnstrecken, so hatte sich dieses Verkehrsnetz Ende der 1970er Jahre auf 1250 Meilen verkleinert und auf eine einzige direkte Nord-Süd-Verbindung zwischen Belfast und Dublin reduziert. Eisenbahnlinien, die das agrarische Hinterland mit den größeren Städten verknüpften, wurden nach dem Ersten Weltkrieg mit dem Aufkommen des Autoverkehrs wieder stillgelegt. In anderen Bereichen wie etwa der Telekommunikation war Irland rückständiger als andere europäische Länder. Noch um 1980 besaßen nur 14 von 100 Iren ein Telefon.

Im Ballungsraum um und westlich von Belfast lebten in den 1930er Jahren über 50% Protestanten, in Connacht lag der Anteil unter 1%, im Rest des Freistaats kaum über 10%. In diesen Zusammenhang fällt auch die politische Rolle der IRA. Als militante Untergrundorganisation bildete sie seit 1922 die gesellschaftlich und politisch stärkste Gegenkraft zu allen Aussöhnungsversuchen mit den Briten. Nach einer Serie politischer Attentate verbot de Valera die IRA 1936 im Freistaat, so dass sie ihre Hauptaktivitäten nach Nordirland verlegte. Aber noch im selben Jahr verdingten sich Mitglieder der IRA auf Seiten der Kommunisten im Spanischen Bürgerkrieg. Kurzfristig wurden damit innerirische Spannungen nach Spanien exportiert.

Etwa 700 Mitglieder der paramilitärischen «Blueshirts», einer faschistischen Organisation, die Franco unterstützte und Kontakte zu faschistischen Kampfbünden in Deutschland und Italien unterhielt, kämpften in Spanien gegen die IRA, während die Organisation in Irland vorgab, die soziale und christliche Ordnung zu verteidigen. Aus einer Veteranenvereinigung hervorgegangen, nahm sie sich unter Führung von Eoin O'Duffy besonders den italienischen Faschismus zum Vorbild. Wohl waren die Blueshirts nicht so stark wie z. B. die British Union of Fascists und in keiner Weise so schlagkräftig wie die kontinentaleuropäischen faschistischen Verbände, doch gab es in Irland ähnliche Krisensymptome, die zu ihrem Entstehen beitrugen: eine allgemeine Skepsis gegenüber dem Freihandelsliberalismus, ein überlieferter Kulturpessimismus, ein radikaler Nationalismus, eine offen antisozialistische, antisemitische und populistische Propaganda sowie eine traditionell in der Gesellschaft verwurzelte Abneigung gegenüber dem Parlamentarismus.

Insgesamt aber überstand Irland die Zeit des Zweiten Weltkriegs relativ unbeschadet und war vergleichsweise gut aufgestellt, als es sich in der zweiten Jahrhunderthälfte Europa zuwandte. Positive Entwicklungstendenzen lassen sich z. B. am Anstieg der Bevölkerungszahlen sowie an der Bewältigung von Emigration und Arbeitslosigkeit ablesen. Allein in den zehn Jahren von 1971 bis zur Volkszählung von 1981 wuchs die Bevölkerung Irlands um 15,6%. Damit war der Zustand von 1891 fast wieder erreicht. Erklären lässt sich diese Entwicklung unter anderem mit dem Verebben der Auswanderung seit den 1960er Jahren. Erst angesichts der Arbeitslosigkeit seit Ende der 1980er Jahre setzte die Auswanderung kurzfristig wieder ein, erreichte jedoch keineswegs das Niveau der Vorkriegsjahre. Auch der erheblich verbesserte Lebensstandard, Stadtsanierungen, Wohnungsbauprogramme, das Überwiegen von Katholiken mit einer starken Kirchenbindung (Ende des 20. Jahrhunderts immerhin noch fast 70%) sowie die nach wie vor lebhafte Verurteilung von Ehescheidungen trugen ihren Teil zum Bevölkerungswachstum bei. Die im europäischen Vergleich höchste Geburtenrate (1983 waren es 19 Geburten je 1000 Einwohner) machte Irland vor Portugal zudem zu Europas jüngster Nation.

Wandel und Öffnung

Wenn die Republik Irland sich in der zweiten Jahrhunderthälfte allmählich öffnete, dann hatte das auch mit ihrer schrittweisen Säkularisierung und Internationalisierung zu tun. Vorsichtig löste sie sich von der Fixierung auf das britische Feindbild, eine behutsame Entwicklung, die 1996 im Staatsbesuch von Präsidentin Mary Robinson bei Queen Elisabeth II. gipfelte. Insofern schlug Irland seit seiner Unabhängigkeit und trotz der Teilung eine selbstbewusstere Richtung ein, die in der jüngsten Gegenwart endlich zu einer offenen Diskussion von Themen wie der Gleichstellung der Geschlechter und einer modernen Nordirlandpolitik geführt hat. Ähnliches lässt sich von der Kultur sagen. Die alle Epochen umfassende, maßgebliche *New History of Ireland*, erstmals ab 1976 erschienen und unlängst in einer komplett überarbeiteten Form neu herausgegeben (2008–2011), ist das Gemeinschaftswerk protestantischer und katholischer Historiker.

Diese Zusammenarbeit war umso wichtiger, als sie in politischer Hinsicht zunächst kaum selbstverständlich war. Als Irland 1949 Gründungsmitglied des Europarates wurde, mussten das staatspolitische Denken, der ideologisch tief verwurzelte Antikommunismus und die Tradition selbstbezüglicher Sicherheits- und Stabilitätsprinzipien neu überdacht werden. Gesundheitspolitik und Sexualhygiene, Gebiete, auf denen die Kirche nicht zuletzt als Trägerin vieler Krankenhäuser dominierte, mussten verstaatlicht und klassische Reformblockaden überwunden werden. Gegen die Übermacht des Katholizismus, die bewirkte, dass die Mehrheit der Iren noch Anfang der 1960er Jahre eher an der Kirche als am Staat festgehalten hätte, lehnte sich ein liberales Verständnis von Kultur auf. Sean O'Caseys Theaterstücke standen allerdings ebenso wie die Literatur von Simone de Beauvoir und George Orwell auf dem Index. Andererseits provozierte dies eine finanzielle Förderung von Kultur und Literatur durch den Staat, der sich davon international ein positiveres und dynamischeres Ansehen erhoffte.

Denn er geriet auch auf anderen Feldern in die Kritik. Eine Studie der OECD von 1966 hatte ergeben, dass das Bildungssystem große Defizite besaß: hohe Abbrecherzahlen, besonders unter Schülern aus bildungsfernen Haushalten, zu geringe Investitionen in Sanierung und Modernisierung der Schulgebäude, kein ausreichender Abbau der sozialen Ungleichheiten im Bildungssektor. Um dem zu begegnen, initiierte ein staatliches Förderprogramm eine verbesserte Zulassung zu den Sekundarschulen, die vermehrte Einführung von Schülerstipendien und eine stärkere Einbindung der Kommunen.

Auch von außen kamen politische Signale. Der Besuch des amerikanischen Präsidenten John F. Kennedy im Juni 1963, der durch das neu gegründete irische Staatsfernsehen Radio Telefis Eireann in die Privathaushalte übertragen wurde, kann in seiner Bedeutung kaum überschätzt werden. Kennedy als Inbegriff des dynamischen, katholischen, sich zu seinen irischen Wurzeln bekennenden Politikers wirkte auf die Parteienlandschaft von Fianna Fáil und Fine Gael und auf den Regierungschef Sean Lemass wie ein Jungbrunnen.

So war es Lemass, der die 50-Jahr-Feier des Osteraufstands dazu nutzte, die verfeindeten Lager zur Versöhnung aufzurufen. Im selben Jahr (1966), in dem die Statue von Lord Nelson auf der Dubliner O'Connell Street gesprengt wurde, würdigte er die irischen Soldaten, die im Ersten Weltkrieg für das Britische Empire gekämpft und die bis dahin als Verräter gegolten hatten. Mit der politischen und gesellschaftlichen Liberalisierung ging eine kirchliche einher. 1970 hob die Bischofskonferenz ihr Verbot für Katholiken auf, am Trinity College in Dublin zu studieren. Ohnehin verlor der Katholizismus schrittweise seine geistige Leitfunktion, ganz zu schweigen von seiner theologischen, was an der stark zurückgehenden Zahl von Priesterweihen erkennbar wurde. Seine soziale Führungsrolle behielt er so lange, wie der sonntägliche Gottesdienst besucht wurde. Anfang der 1970er Jahre taten dies noch 95 % der Katholiken. Erst die Debatte über den Schwangerschaftsabbruch, in der die Kirche eine der letzten Bastionen ihrer moralischen Deutungshoheit verteidigte, wurde zu einem Prüfstein für ihre soziale Relevanz – und für den Pluralismus der irischen Gesellschaft.

In vielerlei Hinsicht blieb Irland jedoch bis mindestens zur Jahrhundertmitte provinziell, was auch für die Literatur galt. Im kontinentalen Europa, in Großbritannien und in den USA hatten seit der Jahrhundertwende Modernismus und Expressionismus, Surrealismus und Dadaismus geblüht. Irland stand dagegen längst nicht mehr so international da wie noch um 1900, in der Epoche von Oscar Wilde. Fianna Fáil hatte sich als führende politische Partei das Ziel gesetzt, die Anglisierung der Insel so weit wie möglich zurückzudrängen, die gälische Sprache in den Grundschulen zum Pflichtfach zu machen und den Patriotismus mit dem Studium der irischen Frühgeschichte zu nähren. Was Autoren nun beschäftigte, waren ausschließlich die großen Themen der irischen Vergangenheit: Flucht und Emigration, Unterdrückung und Rebellion. Eine Ausnahme bildete dabei W. B. Yeats, sowohl als Lyriker wie als Dramatiker und Prosaschriftsteller. Seine Gedichtsammlungen, beeinflusst von englischen Autoren wie z. B. Percy Bysshe Shelley und William Blake, waren in ihren symbolischen Formen international maßgeblich und begründeten die «Irish Renaissance». Das Ambivalente an Yeats war sein Versuch, irisches Nationalbewusstsein mit den Mitteln der englischen Sprache zu fördern. Mit dem Dubliner Abbey Theatre wollte er beweisen, dass Protestantismus und irische Identität nicht unvereinbar waren, zudem nahm er einen Sitz im Senat des Freistaats ein. Hingegen hatte er für die emotionalen Aspekte des katholischen Nationalismus, für die Geschichte des Hungers und der Vertreibung nur ein geringes Interesse.

Eine andere Ausnahme war der Kulturprotestant Samuel Beckett, der wie Wilde am Trinity College Dublin sozialisiert wurde, wie Joyce den Großteil seines Lebens in Paris verbrachte und wie Yeats mit dem Literaturnobelpreis geehrt wurde (1969). Für Beckett war Irland politisch und kulturell unattraktiv. Literarisch und philosophisch fühlte er sich dem Existenzialismus und dem Nihilismus näher, und seine berühmten Theaterstücke schrieb er im Original auf Französisch, bevor er sie selbst ins Englische übersetzte. Aber er bediente sich irischer Szenen, Orte und Themen für seine Dramen. Wie stark diese auch noch die Gegenwartsliteratur prägen, lässt sich an Autoren wie Patrick Kavanagh und Seamus Heaney ablesen. Als immerhin vierter irischer Literaturnobelpreisträger (1995) nach Yeats, Shaw und Beckett trug Heaney zu einer international stärkeren Wertschätzung Ulsters bei. Seine Gedichtsammlungen greifen lokale und regionale Themen auf und handeln von Mooren und Torflandschaften sowie von spezifischen Traditionsbeständen der nordirischen Geschichte.

Eigenwege des Nordens

Dass auch Ulster von Anfang an von schwerwiegenden politischen Problemen nicht verschont würde, lag auf der Hand. Dafür waren die sechs Grafschaften Antrim, Armagh, Down, Fermanagh, Londonderry und Tyrone wirtschaftlich zu unselbstständig und gesellschaftlich zu uneinheitlich. Der britische Schriftsteller Rudyard Kipling formulierte in seinem Gedicht *Ulster 1912* die Sorge, dass die beiden Lebenskulturen Nordirlands niemals auf einen Nenner gebracht werden könnten – zu viel trenne sie historisch, und zu wenig eine sie für eine friedliche Zukunft.

Als Schiffbau und Leinenproduktion, die tragenden Säulen der nordirischen Wirtschaft, zwischen 1923 und 1930 in eine große Absatzkrise gerieten, erreichte die Arbeitslosigkeit 19% der Industriearbeiter, im Durchschnitt aller Berufszweige sogar 25%. Mit der wachsenden Feindschaft zwischen dem Freistaat, der die Ansprüche auf Wiedervereinigung nicht aufgab, und dem unionistischen Norden, der seiner katholischen Minderheit nicht traute, schränkte sich auch der britische Handlungsspielraum ein. Wirtschaftlich wurde Ulster für die Briten erst wieder mit dem Flugzeugbau attraktiv. Strategisch wurde es ab 1942 für Tausende amerikanischer Truppen ein unentbehrlicher Stützpunkt. Jedes zehnte britische Schiff wurde in Belfast produziert, darunter 140 Kriegsschiffe. Ironischerweise brachte so erst der Zweite Weltkrieg – Belfast wurde im April und Mai 1941 von deutschen Bombern stark zerstört – eine Besserung für die nordirische Wirtschaft. Das reale Einkommen pro Kopf stieg bis 1947 um 84% an, das war das Sechsfache des Wachstums im Süden der Insel. Als Haupterwerbszweige entwickelten sich die produzierende Industrie, vor allem die Elektroindustrie und Elektronik mit über 30% aller Erwerbstätigen sowie die Kleidungsindustrie und die Herstellung von Nahrungsmitteln.

Nach dem Krieg machte sich Nordirland an die gleichen wohlfahrtsstaatlichen Reformen, mit der die Labour-Politik 1948 auch England ein neues Profil gab. Das Bildungswesen wurde reformiert und ein Gesundheitssystem unter dem Titel «National Health Service» eingeführt, das die kostenlose medizinische Grundversorgung garantierte. Beides sollte das Gefühl einer nationalen Solidarität stärken. Selbstverständlich war das für die konservativen Unionisten zunächst keineswegs, da sie, den britischen Konservativen vergleichbar, Staat und Gesellschaft scharf voneinander getrennt halten wollten. Dass sie schließlich doch die Renten- und Arbeitslosenversicherung, Kindergeld und Pensionen einführten, band den nordirischen Wohlfahrtsstaat fest an den britischen und trennte ihn umso deutlicher vom Irischen Freistaat. Im Süden war in der Mitte des Jahrhunderts ein vergleichbares Sozialsystem weder angedacht noch finanzierbar; erst 1973 wurde in der Republik eine allgemeine Krankenversicherung eingeführt.

Während der 20 Jahre, die Basil Brooke Ulster als Premierminister regierte (1943–1963), kamen, von niedrigen Gewerbesteuern und billiger Arbeitskraft angezogen, zahlreiche ausländische Investoren ins Land, vornehmlich aus den USA, aus Großbritannien, West-Deutschland und den Niederlanden. Sie schufen Arbeitsplätze und Kapital, konzentrierten sich aber auf das Ballungsgebiet von Belfast. Doch Brooke, einst Kommandeur einer unionistischen Einheit im Kampf gegen die IRA und Besitzer riesiger Landgüter in Colebrook, trug auch viel zur weiteren Entfremdung der Konfessionen bei. Er rief die protestantischen Gutsbesitzer auf, alle katholischen Arbeiter zu entlassen, und ging selbst mit schlechtem Beispiel voran.

Überdies ließ er sich vom britischen Premierminister Attlee zusichern, dass dieser ohne Zustimmung Ulsters nichts am konstitutionellen Status der Union verändern werde. Man untermauerte diese Garantie per Gesetz (Ireland Act von 1949) und betrachtete sie als unverbrüchliches Versprechen, das von den Nordiren bis heute als legendäres «The Pledge» bezeichnet wird. Während sich der Orange Order mit der Regierung assoziierte, mussten Katholiken, Gewerkschaften und sogar liberale Aussöhnungsversuche wie die von Brookes Nachfolger Terence O'Neill als Feindbilder herhalten. Nach Schätzungen waren 95 % der Unionisten protestantisch und 99 % der Nationalisten katholisch.

Die besondere Beziehung Ulsters zu Großbritannien entwickelte ihre komplizierte Eigendynamik in der Epoche der globalen Dekolonisation. Kaum eine Unabhängigkeitsbewegung war für das Empire so einschneidend wie die Indiens, die 1947 in der Wahl Jawaharlal Nehrus zum indischen und Ali Jinnahs zum pakistanischen Premier gipfelte. Die Teilung des Subkontinents in einen Staat der Hindus und einen Staat der Moslems war zunächst ebenso wenig als Dauerlösung anvisiert worden wie die Teilung Irlands. Doch das feindselige Verhältnis zwischen beiden Teilen – ob im Herzen Asiens oder im Nordwesten Europas – beeinflusste in den Jahrzehnten nach dem Zweiten Weltkrieg die Weltpolitik. Ihre Wiedervereinigung wurde ebenso zur Utopie wie die von Gandhi propagierte Gewaltlosigkeit. In Ulster wurde der Dauerkonflikt auch «Troubles» genannt, er entsprach einem permanenten Ausnahmezustand. Man baute auf die feste Solidarität der Briten, zumal viele andere Dekolonisationsprozesse, etwa die Lösung Algeriens von Frankreich oder des Kongo von Belgien, der Weltgemeinschaft beispielhaft vor Augen führten, welches unermessliche Konfliktpotential die Trennung zwischen Kolonie und ehemaliger Kolonialmacht besaß.

Für Ulster kam seit 1923 eine derartige Trennung nicht mehr in Frage. Im Gegenteil, die Menschen richteten sich wie in einer Festungsanlage in einem politisch und gesellschaftlich defensiven Zustand ein. Dieser reduzierte jeglichen sozialen Konflikt, ob im Arbeitsleben, im Wohnungssektor oder im Schulwesen, auf die grundsätzliche Auseinandersetzung zwischen Protestanten und Katholiken und verhinderte eine Verständigung zwischen den beiden Konfessionen. Die Protestanten, in religiöser und sozialer Hinsicht ansonsten keineswegs kohärent, schweißte die Wagenburg in einer Allianz zusammen. Die Teilung der Nation, Schlüsselbegriff dieses Kapitels, hatte eine in jeder Hinsicht blockierende Wirkung und wurde darin konstitutiv für die irische Geschichte des 20. Jahrhunderts.

Wie konnte diese Blockade überwunden werden? Die Frage hatte zunächst keine Priorität. Katholische Nationalisten in Ulster lehnten es ab, nach Wahlen ihre wenigen Parlamentssitze einzunehmen, und katholische Beamte, ob im Polizei- oder im Schuldienst, wurden zu einer verschwindenden Minderheit. Am Aufbau Ulsters waren sie nicht beteiligt, was sowohl an der unionistischen Privilegienwirtschaft als auch an der katholisch-nationalistischen Selbstisolierung lag sowie an der Weigerung der Nationalisten, die Legitimität Nordirlands überhaupt anzuerkennen. Auf katholischer Seite ging man keineswegs von einer permanenten Teilung aus.

Einen notorischen Fall bildete Londonderry. Hier lebten fast doppelt so viele katholische wie protestantische Wähler, aber trotzdem blieb der Stadtrat ohne Unterbrechung stets in den Händen der Unionisten. Hätten die Katholiken die Gelegenheit wahrgenommen, eine einheitliche und einflussreiche Opposition zu formen, und hätten die Protestanten eine Politik der Gegenseitigkeit anstelle der institutionalisierten Diskriminierung erlaubt, wäre dieser bleierne Zustand vermieden worden. Er hatte eine bemerkenswerte Kontinuität in der politischen Führung, aber auch eine ideologische Konformität zur Konsequenz. Schon am Eigennamen ließ sich oftmals die Konfession ablesen. Weil Sicherheit großgeschrieben wurde, konnte bereits ein katholischer Schulbusfahrer als Risiko erscheinen.

Im Belfaster Parlament mit seinen 52 Abgeordneten wurden die inneren Angelegenheiten Nordirlands debattiert, während außen-, finanz- und verteidigungspolitische Belange weiterhin von Westminster aus geregelt wurden. Bis 1948 besaß Nordirland 13 Sitze im britischen Parlament, nach der Abschaffung der parlamentarischen Vertretung der Belfaster Queen's University nur noch zwölf. Zwischen 1922 und 1966 saßen insgesamt 62 Personen als nordirische Abgeordnete in Westminster, davon waren 56 Unionisten, die überwiegend aus dem Bankwesen und dem Geschäftsleben kamen.

Der Nordirlandkonflikt und die Folgen

Bis der Nordirlandkonflikt in den Jahren um 1970 eskalierte, bauten sich auf unionistischer und nationalistischer Seite kaum noch kontrollierbare Spannungen auf. Terence O'Neill versuchte, Ulster im internationalen Wettbewerb gegen die deutsche und japanische Konkurrenz im Schiffbau und in der Textilherstellung zu stärken, gesellschaftliche und (land-)wirtschaftliche Strukturen zu modernisieren und die Konfliktparteien davon zu überzeugen, dass nur ein befriedetes Ulster mit normalisierten Beziehungen zur Republik im Interesse aller Iren sein konnte. Er plante, Wachstumszonen zu schaffen, internationale Unternehmen durch Steuerbefreiungen anzulocken, in Coleraine eine zweite nordirische Universität zu gründen, die Schulen, die Vergabe von Sozialwohnungen und den Arbeitsmarkt von den konfessionellen Fesseln zu lösen sowie schließlich den Dialog mit dem Taoiseach der Republik, Sean Lemass, zu suchen. Doch diese Pläne wurden von allen Seiten angefeindet. Den einen war O'Neills Programm zu protestantisch, den anderen kam es einem Verrat an Ulster gleich. Unter den Ersteren bildeten sich diverse katholische Bürgerrechtsbewegungen, die nach amerikanischem Vorbild den Druck der Straße als Mittel des politischen Engagements einzusetzen suchten.

Nun begannen in Nordirland die Protestmärsche, auf die regelmäßig Gegendemonstrationen folgten. Schon ein Zug katholischer Demonstranten durch vorwiegend von Protestanten bewohnte Stadtteile oder der umgekehrte Fall wurden als Provokation empfunden. Die überforderte Polizei schritt unverhältnismäßig brutal ein. So ging das Vertrauen in das Funktionieren der staatlichen Sicherheitsorgane verloren. Bogside, ein ausschließlich von Katholiken bewohnter Stadtteil in Londonderry, und Shankill Road, das Zentrum des protestantischen Arbeiterviertels von Belfast, wurden zu Festungen. Die Benachteiligung der nordirischen Katholiken, die sich in der Aufteilung der Wahlkreise, der Zuteilung von sozialem Wohnraum und auf dem Arbeitsmarkt zeigte, teilte manche Gemeinsamkeiten mit der Diskriminierung der schwarzen Bevölkerung in den USA in den 1950er und 1960er Jahren. Martin Luther Kings Bürgerrechtsbewegung inspirierte deshalb auch viele Iren, aber sein Aufruf zum gewaltlosen zivilen Ungehorsam verhallte nicht nur in Amerika.

Denn ab 1969, dem Jahr nach dem Attentat auf King, verschlechterte sich das politische Klima zusehends auch in Nordirland. Anfang 1970 spaltete sich die IRA in die «Provisionals», die auf Gewalt und terroristische Aktionen setzten, und die «Officials», Anhänger einer sozialistischen Politik. Parallel dazu entstanden Bruchlinien in der Partei Sinn Féin. Im täglichen Kampf gegen die Polizei (Royal Ulster Constabulary) wuchs die Sympathie der katholischen Bevölkerung für die «Provisionals». Die Provisional IRA hatte sich dem Ziel verschrieben, Irland mit militärischen Mitteln zu vereinigen. Die Gewalt auf der Straße und durch Autobomben, die sich bald zu einem dichten Netzwerk republikanischen Terrorismus entwickelte, wurde nicht nur zu einem Problem Nordirlands, sondern erreichte auch London, britische Kasernen sowie Pubs in Guildford und Birmingham.

Angesichts der Hilflosigkeit und Parteilichkeit der nordirischen Polizei, die sich im August 1969 in der «Battle of the Bogside» offenbarte, schickte die britische Regierung Einheiten der Armee. Diese trennten die feindlichen Parteien, errichteten Stacheldrähte oder Mauern in den besonders brisanten Straßenzügen, ließen jedoch auch zu, dass sogenannte No-go-Areas entstanden: Stadtbezirke im Kriegszustand. An einem der Höhepunkte des gesamten Nordirlandkonflikts, dem 30. Januar 1972, tötete ein britisches Fallschirmregiment 13 unbewaffnete Demonstranten. Dieser als «Bloody Sunday» in die nordirische Geschichte eingegangene Tag hatte ein stärkeres Engagement der britischen Regierung in Ulster bis hin zur Direktverwaltung der Provinz (Direct Rule) und die Gründung paramilitärischer protestantischer Organisationen wie der Ulster Defence Association und der Ulster Volunteer Force zur Folge. Eine weitere Konsequenz war, dass sich die katholische Jugend militarisierte und mit der IRA einließ. So wenig die Polizei Katholiken und Protestanten voreinander schützen konnte, so wenig übte die nordirische Selbstverwaltung politische Kontrolle über das Pulverfass aus. 1983 sollte die Popgruppe U2, neben Bob Geldof und Chris de Burgh ein wichtiger Exporteur irischer Kultur, in ihrem Song *Sunday Bloody Sunday* die Ereignisse zum Thema machen. Ein Untersuchungsausschuss zum Bloody Sunday, der zwölf Jahre lang arbeitete und 200 Millionen Pfund kostete, kam im Juni 2010 im Saville Report zu dem Ergebnis eines seinerzeit fehlerhaften Verhaltens der britischen Soldaten. Dafür entschuldigte sich Premierminister David Cameron im selben Monat im britischen Unterhaus.

Die Briten, viel zu lange in diesem Konflikt passiv geblieben, entschieden sich 1972 für die direkte Herrschaft über Ulster. Premierminister Edward Heath ernannte einen Nordirlandminister und entmachtete das Belfaster Parlament: für die Nationalisten ein kurzfristiger Triumph, für die Loyalisten eine schmachvolle Niederlage. Nordirland geriet nun in eine neue Spirale von Gewalt und repressiver Gegengewalt, der Ausnahmezustand wurde alltägliche Normalität. Die sektiererischen Gewalttätigkeiten nahmen zwischen 1972 und 1976 mit über 1120 Todesopfern unter Zivilisten noch zu – und auch die politische Desillusionierung wuchs. Bestrebungen, die verschiedenen Parteien wie die Official Unionists und die Social Democratic and Labour Party an einen Verhandlungstisch zu bringen, scheiterten immer wieder. Auch die Versuche, einen Friedensplan zu entwerfen und einen Waffenstillstand zu erwirken, an denen die nordirischen Parteien und die Londoner und Dubliner Regierungen beteiligt werden sollten, standen unter keinem guten Stern, solange die britische Justiz Fehlurteile traf wie im Prozess gegen die «Birmingham Six». Dieser Gruppe irischer Verdächtiger wurde ein Anschlag vom Herbst 1974 mit 21 Toten vorgeworfen. Weil ihre Geständnisse nachweislich erpresst worden waren, kamen sie 1991 wieder frei.

Auch die «Ulsterisierung» war nur bedingt erfolgreich: Nordirland sollte selber für seine Sicherheit sorgen, die britische Armee im Hintergrund agieren und gezielt Terroranschläge verhindern. Das gelang nicht. Die Regierung Thatcher war noch nicht lange im Amt, da erschütterten IRA-Anschläge wie der im August 1979 auf Earl Mountbatten, ein Mitglied der königlichen Familie, die Öffentlichkeit. Währenddessen konzentrierte sich Sinn Féin auf das Ziel eines vereinten, sozialistischen und gälischen Irlands. Nicht säkularisiert, aber auch nicht mehr dezidiert katholisch, suchten die Partei wie die Bewegung hinter ihr, die Aufmerksamkeit der Weltöffentlichkeit zu erlangen. Aktionen wie Hungerstreiks und das Beharren darauf, dass IRA-Gefangene den Sonderstatus von politischen Häftlingen erhielten und nicht wie gewöhnliche Kriminelle zu behandeln seien, sorgten für weltweite Sympathiekundgebungen. Als Bobby Sands, einer der prominentesten Häftlinge in der Belfaster Strafanstalt Maze, nach 66 Tagen Hungerstreik im Mai 1981 starb, kam es im ganzen Land zu massiven Ausschreitungen, und auf britische Immobilien in kontinentaleuropäischen Städten wurden Bombenanschläge verübt.

Die nordirische Bevölkerung, durch unzählige zivile Opfer im besten Fall indifferent geworden, änderte infolge der Hungerstreiks ihre Einstellung zur IRA, und Sinn Féin etablierte sich als radikal-republikanische Vertretung der katholischen Minderheit. Obwohl Margaret Thatcher während des Parteitags der Konservativen Partei in Brighton im Oktober 1984 nur knapp einem IRA-Attentat entging, blieb sie bei ihrer Politik, die Republik Irland intensiver in den Verhandlungsprozess zu integrieren. Das Anglo-Irish Agreement von Hillsborough aus dem Jahr 1985, mit dem die Einrichtung einer ständigen Sicherheitskonferenz zwischen London und Dublin vereinbart wurde, war dabei der wichtigste Schritt. Dringlich strebten die Briten eine politische Lösung an, zumal Nordirland wirtschaftlich ohnehin längst ein reines Zuschussgeschäft geworden war. Die IRA ließ sich indessen nicht beirren. Immer wieder verübte sie Anschläge mit vielen Toten aus. Offenkundig kaufte sie ihre Waffen vom libyschen Diktator Gaddafi.

Aber auch die Unionisten bewegten sich nicht. Ian Paisleys berühmter Schwur «Never, never, never» stammt aus dieser Zeit: Erstens sollten Katholiken in Ulster keinesfalls politisch mitsprechen dürfen; zweitens könne es niemals eine Wiedervereinigung von Republik und Nordirland geben; drittens dürfe es zu keinen Verhandlungen mit den Terroristen der IRA kommen. Als Chef der Democratic Ulster Party und Führer der von ihm gegründeten Freien Presbyterianischen Kirche von Ulster verkörperte Paisley den verhärteten Standpunkt absoluter Unnachgiebigkeit. In seinen Augen war der Papst ein «Anti-Christ», selbst die moderaten Vermittlungsbemühungen des britischen Premierministers John Major verunglimpfte er.

Doch letztlich sollte diese Position Paisleys und seiner Zeitgenossen, die in den 30 Jahren Bürgerkrieg seit 1969 bei 16 200 Bombenanschlägen für über 3500 Todesopfer und 47 000 Verletzte mitverantwortlich wurde, sich leerlaufen. 1998 mündete der lang ersehnte und mühsam errungene Friedensprozess in das Karfreitagsabkommen zwischen den gemäßigten Unionisten unter David Trimble und den gemäßigten Nationalisten unter John Hume. Dafür erhielten beide gemeinsam den Friedensnobelpreis.

Vorbereitet wurde der Friedensprozess – durch die Beteiligung des amerikanischen Präsidenten Bill Clinton längst internationalisiert – in vielen kleinen Schritten. In der Folge schwor die IRA, die bisher stets nur zu einem Waffenstillstand, aber nicht zu einer Übergabe ihrer Waffen bereit gewesen war, im Jahr 2005 dem Terrorismus ab. In Nordirland hatte sich nach Jahrzehnten der Straßenschlachten, Bombenanschläge und Morde eine allgemeine Erschöpfung breitgemacht. Über 1000 teils katholische, teils protestantische Attentäter sollten laut Friedensabkommen in den Genuss einer Amnestie kommen.

Bei einer Volksabstimmung 1998 sprachen sich in der Irischen Republik 94% für den Frieden aus, woran sich seitdem kaum etwas geändert haben dürfte. Vor allem nach den Anschlägen in New York und Washington am 11. September 2001 wurde der Terrorismus weltweit geächtet, und niemand konnte mehr erwarten, dass terroristische Gewalt Sympathien gewinnen würde, ob innerhalb oder außerhalb Nordirlands. Fast revolutionär mutete es an, dass Paisley sich mit Martin MacGuinness von den irischen Republikanern und mit Gerry Adams als Vorsitzendem von Sinn Féin im Frühjahr 2007 zu Gesprächen bereiterklärte. Im selben Jahr wurde die politische Autonomie Nordirlands, die 2002 temporär ausgesetzt worden war, wieder eingeführt. Ebenso große Symbolkraft besaß der viertägige Staatsbesuch Königin Elisabeths II. in Irland im Mai 2011. Gemeinsam mit der irischen Staatspräsidentin Mary McAleese legte die Königin an der Gedenkstätte für die irischen Toten des Ersten Weltkriegs und im «Garten der Erinnerung» jeweils einen Kranz nieder. Stärkere Gesten der Versöhnung hat es von der britischen Monarchie selten gegeben.

Angenähert haben sich Großbritannien und Irland im 21. Jahrhundert längst, Partner in einer globalisierten Welt sind sie politisch und wirtschaftlich allemal. Aufgrund der demographischen Entwicklung Nordirlands und der höheren Geburtenrate unter Katholiken ist es nur eine Frage der Zeit, bis Ulster sich neu definieren muss. Hoffnungsträger wie Schulen, die von protestantischen und katholischen Kindern gemeinsam besucht werden, und Wohnbezirke ohne Mauern sind bisher allerdings nur seltene Lichtblicke. Von einem historischen Vorbild wollte man lernen, als 2008, ähnlich der südafrikanischen Wahrheits- und Versöhnungskommission nach dem Ende der Apartheid, eine Kommission unter Leitung eines anglikanischen Erzbischofs und eines katholischen Priesters eingerichtet wurde. Sie sollte ungeklärte Todesfälle, Anschläge und Polizeiirrtümer untersuchen und Nachkommen der Todesopfer finanziell entschädigen. Man konnte sich jedoch nicht einigen, ob Opfern und Tätern zu gleichen Teilen Respekt gezollt werden sollte. Das Bedürfnis nach echter Versöhnung war noch nicht stark genug.

Irland in Europa und der Welt

Die Frage, wie die irische Teilung aufgefangen werden konnte, stellte sich schon früh auch in internationaler Perspektive. Um international attraktiv zu sein, musste Irland sich modernisieren. Im Rahmen einer intensivierten Industrialisierung wurde 1927 das Stromnetz zentralisiert und auf viele Privathaushalte ausgeweitet. Zur gleichen Zeit entstanden Wasserkraftwerke an den großen Flüssen Shannon, Liffey, Lee und Erne, denn Torf und in geringerem Maße Kohle bildeten noch immer die wichtigsten Energielieferanten. In den 1980er Jahren wurde eine Naturgasquelle an der Atlantikküste erschlossen, die Irlands Abhängigkeit von Ölimporten mindern sollte. Um den Primärenergiebedarf zu decken, wurden 1984 etwa 60% der benötigten Energieressourcen importiert, 40% wurden über die Eigenversorgung mit Naturgas, Wasserkraft und Torf gedeckt. Der Torfvorrat dürfte bis etwa 2020 abgebaut sein.

Traditionell gediehen im modernen Irland die Kleidungs-, die Nahrungsmittel- und die Tabakindustrie, Gerbereien, Mühlen, Brennereien und Brauereien. Die Dubliner Guinness-Brauerei ist heute die größte Europas und der größte Bierexporteur der Welt. 1926 war der Irische Freistaat jedoch noch überwiegend ein Agrarland, und lediglich jeder zehnte Arbeitnehmer war im produzierenden Gewerbe tätig – verglichen mit 35% in Nordirland. Konzentrierte sich die Industrie auf Städte mit Überseehäfen, so sollten Schutzzölle eigene Produkte und die heimischen Arbeitsplätze begünstigen. Doch diese Politik konnte nicht erfolgreich sein, solange zu geringe Mengen einer zu kleinen Diversität von Produkten für einen zu kleinen Markt hergestellt wurden. Nach dem Zweiten Weltkrieg beflügelte das wirtschaftliche Wachstum die Metall- und die Chemieindustrie, außerdem den Maschinen- und Gerätebau und die Produktion von Zement und Glas.

Irlands industrielle Revolution seit den späten 1960er Jahren hätte aber ohne ausländisches Kapital und Wachstumsbranchen wie die Hochtechnologie nicht stattgefunden. Allein zwischen 1960 und 1978 siedelten sich 656 Firmen an, davon 215 aus den USA, 176 aus Großbritannien und 99 aus Deutschland. 1988 hatte sich die Zahl auf 900 erhöht (darunter 130 deutsche). Auch die Niederlande, Schweden, die Schweiz, Frankreich, Japan, Südkorea, Neuseeland und Kanada investierten in die neuen Branchen wie Elektro- und Pharmaindustrie, Telekommunikation, moderne Nahrungsmittelindustrie, Datenverarbeitung und Medien. Damit schufen sie fast ein Viertel aller neuen Arbeitsplätze.

Das irische Erfolgsrezept hieß rigorose Haushaltsdisziplin, Senkung der Einkommenssteuer und der Unternehmenssteuer sowie eine von Arbeitgebern und Gewerkschaften ausgehandelte Zurückhaltung bei den Löhnen. Nicht zuletzt die technisch-naturwissenschaftlichen Zweige im höheren Bildungswesen profitierten von der Integration der irischen Industrie in die Weltwirtschaft. Das Landschaftsbild der Insel veränderte sich, weil die neuen Industrien standortunabhängiger waren, d. h. Fabriken in abgelegenen Gebieten gebaut wurden, die steuerlich begünstigt waren und durch staatliche Investitionsbeihilfen gefördert wurden. Überall in Irland entstanden Industrieparks mit zum Teil 50 oder mehr Firmen. Ihre Randlage erwies sich durchaus als Vorteil. Bald war vom «Celtic tiger» die Rede.

Bergbau und Fischerei sind gegenüber diesen Industrien zwei genuin irische Wirtschaftszweige. Irland besitzt bescheidene Vorkommen von Kupfer, Zink, Blei und sogar Silber, und es hat keinen Mangel an vielfältigen Sorten von Fluss- und Meeresfischen. Infolge der internationalen Entwicklung haben industriell erzeugte Waren in Irland die agrarischen wie Fleisch- und Milchprodukte auf den zweiten Rang verwiesen. Agrarerzeugnisse besaßen um die Wende zum 21. Jahrhundert nur noch einen Anteil von weniger als 15%. Dadurch minderte sich auch Irlands Abhängigkeit von der britischen Wirtschaft: Noch 1924 gingen 84% aller irischen Exporte nach Großbritannien, 50 Jahre später war es weniger als die Hälfte, während in den 1980er Jahren fast 80% der Exporte in Länder der Europäischen Gemeinschaft geliefert wurden. Welche Folgen die wirtschaftlichen Veränderungen der letzten 30–40 Jahre für die natürliche Umwelt und Irlands wichtiges Fremdenverkehrsgewerbe haben, ist beim Blick auf die moderne Hochleistungslandwirtschaft und große Viehzuchtbetriebe unschwer zu sehen.

Parallel zu diesen Entwicklungen verringerte sich die Einwanderungsquote der Iren in Schottland und im Norden Englands. Der Wegfall antikatholischer Diskriminierung hätte die Zahl der irischen Immigranten in diesen Teilen Großbritanniens ansteigen lassen können, aber sie pendelte sich bei ungefähr 720 000 ein. Darunter waren nicht mehr allein Fabrik- und Landarbeiter wie noch im 19. Jahrhundert, sondern schon seit den 1960er Jahren Ärzte, Lehrer und Beamte im öffentlichen Dienst. Parteipolitisch tendierte die Mehrheit von ihnen zu den Liberalen oder zur Labour Party, also zu einer Politik, die in Irland selbst bis in die jüngere Vergangenheit ungeachtet einer aktiven Gewerkschaftsbewegung vergleichsweise schwach vertreten ist. Seit dem Amerikanischen Bürgerkrieg hatten sich die Iren als ein tragendes Element der Gesellschaft der USA etabliert. Zusammen mit den südeuropäischen Einwanderern dominierten sie den amerikanischen Katholizismus und gelangten zügig in angesehenere Berufe, als sie in der Heimat ausgeübt hatten. Wie stark amerikanische und irische Politik miteinander verzahnt wurden, lässt sich an dem Einfluss ablesen, den die irisch-amerikanische Fenierbewegung unter dem Namen «Clan-na-Gael» auf den Osteraufstand 1916, auf die Irish Republican Brotherhood und die Entwicklung des Freistaats unter de Valera hatte. Dass die Republikaner im Nordirlandkonflikt mit amerikanischem Geld unterstützt wurden, war bald nach 1969 ein offenes Geheimnis. Das Irish Northern Aid Committee finanzierte mit großen, in den USA gespendeten Summen Sprengstoffe und Maschinengewehre der Provisional IRA. Das Gleiche tat die iroamerikanische Spendensammelvereinigung Noraid. Selbst warnende Stimmen einflussreicher Amerikaner irischer Herkunft wie z. B. der Senatoren Edward Kennedy und Patrick Moynihan konnten dies nicht verhindern.

International hatte Irland sich zu diesem Zeitpunkt aus der Fixierung auf Großbritannien zu lösen versucht. Dafür waren die Mitgliedschaft in den Vereinten Nationen (1955) und in der

Europäischen Gemeinschaft (1973) zwei wichtige Schritte. Für den zeitlich mit dem Ölschock zusammenfallenden EG-Beitritt hatten 83% der Bevölkerung votiert. Als sechs Jahre danach eine zweite Ölkrise das Wachstum der Weltwirtschaft erheblich bedrohte, hätte die extreme Staatsverschuldung Irlands mit seinen gefährlich hohen Auslandsschulden ohne europäische Hilfe oder den Internationalen Währungsfonds möglicherweise zu einem Staatsbankrott geführt. Eine wirtschaftliche Erholung setzte ein, als die Fianna-Fáil-Regierung unter Charles Haughey drastische Sparmaßnahmen, unter anderem im Gesundheitswesen, im Bildungsetat und bei den Löhnen im öffentlichen Dienst, erzwang. Der Keltische Tiger kehrte in die europäische Normalität zurück. Die Finanzblase platzte hier genauso wie anderswo in Europa, eine Erfahrung, die sich in der jüngsten Finanzkrise wiederholte, ebenso wie die hohen Staatsschulden: 2010 lag Irlands Neuverschuldung bei 32% des Bruttoinlandsprodukts, mithin dem Zehnfachen dessen, was die EU erlaubt. Insgesamt hatte Irland sich jedoch seit den 70er Jahren endgültig vom Protektionismus der Zwischenkriegszeit und der folgenden Jahre gelöst und auf Freihandel und internationale Kooperation umgestellt.

In das Straßburger Europaparlament entsenden die Republik Irland 15 und Nordirland drei Abgeordnete. Schon 1960 übernahm Irland das Oberkommando der UN-Friedenstruppe im Kongo-Krieg, ab den 1970er Jahren dienten irische Soldaten in Krisengebieten des Nahen Ostens, im Libanon, in Zypern sowie in Indien und Pakistan. Beinahe ein Sechstel der Armee des Landes war nun in friedenschaffenden Missionen weltweit eingesetzt.

Führt man sich die Größenordnungen konkret vor Augen, so lässt sich Irlands Vorteil aus seiner Internationalisierung leicht ermessen. Bei einem Anteil von unter 3 % an der Gesamtfläche der Europäischen Union (Nordirland: 0,5 %) und weniger als 1% an deren Gesamtbevölkerung (Nordirland: weniger als 0,4%) befinden sich die Republik, Nordirland und die einzelnen Provinzen in der Gruppe der größten Nettoempfänger europäischer Gelder für die Verbesserung der Infrastruktur und zur Förderung von Bildung, Landwirtschaft, Industrie, Gewerbe und Handwerk. Im Jahr 2005 erhielt Irland Subventionen der EU in Höhe von fast 2,4 Milliarden Euro. Entsprechend haben Volksabstimmungen in wenigen anderen europäischen Ländern so viel Zustimmung zu weiteren europäischen Integrationsschritten, z. B. zum Maastricht-Vertrag 1992, ergeben wie in Irland, sieht man einmal von dem Referendum zum Vertrag von Lissabon im Jahr 2008 ab. Als ein Brückenstandort zwischen Europa und der nicht-europäischen Welt hat Irland sich politisch, wirtschaftlich und kulturell an der Globalisierung beteiligt. Wenn im noch jungen 21. Jahrhundert die politische Sicherheit und wirtschaftliche Zukunft Europas wieder heftig debattiert werden, dann betrifft das im Kern auch das Land, das mitten im europäisch-atlantischen Kulturraum liegt.

Schluss

Im frühen 19. Jahrhundert bildete Lady Sydney Morgans Salon in der Dubliner Kildare Street ein Zentrum des gesellschaftlichen und kulturellen Lebens von Irland. Hier wurde die Überzeugung gepflegt, die Vergangenheit könne am besten literarisch erfasst werden. In Morgans Buch *The Wild Irish Girl* (1806) findet sich eine Schlüsselszene, die stellvertretend für einen Zugang zur irischen Geschichte stehen soll: Der Protagonist entdeckt in dem von ihm geerbten Haus eine seit Langem verschlossene Bibliothek. Er öffnet sie und rekonstruiert mit ihren Geschichtsbüchern eine ihm ganz unbekannte Welt voller Rätsel, als sei eine große Lücke in der Geschichte zu schließen.

Auch dem Besucher der O'Connell Street in Dublin begegnet die irische Geschichte: im Postamt, dem Schauplatz des Osteraufstands von 1916, in den Statuen von Daniel O'Connell (1882) und Charles Stewart Parnell (1911), von Theobald Mathew (1893) und John Gray (1879), dem Inhaber des *Freeman's Journal* und Hauptarchitekten des Dubliner Wasserversorgungssystems, schließlich seit 2003 in der modernen Skulptur *Spire* an der Stelle des 1966 gesprengten Nelson-Denkmals. Spät erst hat Irland einen seiner berühmtesten Schriftsteller, Samuel Beckett, nach Jahrzehnten der Verdrängung für sich wiederentdeckt: 2009 wurde die Samuel Beckett Bridge über Dublins Fluss Liffey eröffnet, unweit der James Joyce Bridge von 2003. Dass die Zeit, die in Irland waltet, eine besonders zähe und langsame Zeit sei, hat schon Heinrich Böll in seinem *Irischen Tagebuch* (1957) beobachtet. Geduldig träufele sie über alles hin, «vierundzwanzig große Tropfen Zeit pro Tag». In ihrer Langsamkeit aber konnten die Tropfen zu Fingerabdrücken auf einer Wasseroberfläche werden.

Allein die Frage, was Irischsein bedeute, entzieht sich einer genauen Definition, weshalb die irische Geschichte eine politisch umkämpfte geblieben ist. Ein wichtiges Ergebnis der jüngeren Vergangenheit ist immerhin, dass die Auseinandersetzung um die nationale Identität den Historikern und Dichtern und nicht allein den Bürgerkriegsparteien und ihren Nachfolgern anvertraut bleibt.

Böll zufolge waren die Iren zu lange Schulschwänzer. Sie saßen am Kaminfeuer, tranken Whiskey und schwänzten die europäische Schule – die Kriege, aber auch den Fortschritt. Diesen Eindruck kann man heute nicht länger teilen. Der wirtschaftliche Anschluss ist erreicht, mit allen Problemen, die er mit sich bringt; politisch ist die Insellage im globalen Zeitalter kein Nachteil; in sozialen und religiösen Fragen wird eine neue Offenheit angestrebt; die Chancen für eine Überwindung des anglo-irischen Antagonismus sind günstig wie lange nicht; und der Nordirlandkonflikt ist zwar nicht gelöst, schwelt mittlerweile aber überwiegend gewaltlos, zumindest ist die (Straßen-)Gewalt regional begrenzt. Die Gelegenheit ist gut, Jonathan Swifts spöttisch-tadelnde *Drapier's Letters* (1724), William Makepeace Thackerays satirisches *Irish Sketchbook* (1842) oder James Joyces *Dubliners* (1914) in neuer Perspektive zu lesen.

Zeittafel

5. Jh.	Christianisierung durch den Mönch Patrick
6.–8. Jh.	Blütezeit der irischen Kunst und Buchkultur
8. Jh.	Invasion durch die Wikinger
852	Gründung Dublins
1014	Schlacht bei Clontarf
1155	Lehenshoheit König Heinrichs II. von England über Irland
1169	Anglo-Normannische Eroberung
1172	Heinrich II. wird von einem Großteil irischer Stammesfürsten als Herrscher über Irland anerkannt
1315–1318	Edward Bruce erobert Teile Nordirlands
1348	Pest, 30–50% der irischen Bevölkerung sterben
1366	Statut von Kilkenny
1494	Poynings' Law
1541	Heinrich VIII. König von Irland; Zerstörung von rund 400 Klöstern
1592	Gründung des Trinity College Dublin
1594–1603	Aufstand in Ulster löst Neunjährigen Krieg aus
1607	Flucht irischer Adliger aus Ulster
1608–1610	Ansiedlung von Engländern und Schotten in Nordirland (Ulster Plantation)
1641	Rebellion der katholischen Bevölkerung in Ulster
1642–1649	Konföderation von Kilkenny
1649–1650	Eroberung Irlands durch Oliver Cromwell
1690	Schlacht an der Boyne
1691	Vertrag von Limerick
1695–1709	Strafgesetze gegen Katholiken
1778	Gründung der Irish Volunteers in Belfast
1782	Parlament am College Green
1795	Gründung des Orange Order
1798	Rebellion der United Irishmen
1801	Union zwischen Großbritannien und Irland
1823	Gründung der Catholic Association
1829	Emancipation Bill
1845–1849	Große Hungersnot; Beginn der Massenauswanderung
1848	Aufstand der Young Irelanders scheitert
1858	Gründung der Irish Republican Brotherhood

1870	Entstehung der Home-Rule-Bewegung unter Isaac Butt
1879	Land League von Michael Davitt gegründet
1893	Gründung der Gaelic League
1896	Gründung der Irish Socialist Republican Party durch James Connolly
1905	Sinn Féin («Wir selbst») von Arthur Griffith gegründet
1914–1918	Erster Weltkrieg
1916	Osteraufstand in Dublin
1919	Parlament in Dublin (Dáil Éireann) und Ausrufung der Irischen Republik
1919–1921	Unabhängigkeitskrieg
1921	Anglo-Irischer Vertrag
1922–1923	Bürgerkrieg
1926	Gründung der Partei Fianna Fáil durch Éamon de Valera
1937	Neue Verfassung für Irland
1939–1945	Zweiter Weltkrieg
1949	Austritt aus dem Commonwealth, Republik Irland (Éire)
1955	Mitglied der Vereinten Nationen (UNO)
1969	Verschärfung des Nordirlandkonflikts
1972	Bloody Sunday
1973	Irland tritt der EG bei
1977	Friedensnobelpreis für Betty Williams und Mairead Corrigan als Mitbegründerinnen einer Frauenfriedensbewegung
1981	Bobby Sands stirbt an den Folgen seines Hungerstreiks
1985	Hillsborough-Abkommen
1991	Mary Robinson erstes weibliches Staatsoberhaupt Irlands
1994	Waffenstillstand zwischen IRA und probritischen Paramilitärs
1996	Staatsbesuch von Präsidentin Mary Robinson bei Königin Elisabeth II.
1998	Karfreitagsabkommen
1999	Nordirische Regionalregierung
2001	Teilentwaffnung der IRA
2002	Einführung des Euro
2005	Gälisch von der EU als Amtssprache anerkannt; die IRA beendet offiziell ihren bewaffneten Kampf; Irland stellt sein Maßsystem auf das metrische um
2007	Abzug der britischen Truppen aus Nordirland
2008	Irland wird von der internationalen Finanzkrise besonders hart getroffen
2009	Irland stimmt dem Vertrag von Lissabon zu
2011	Enda Kenny von der Partei Fine Gael Premierminister; Königin Elisabeth II. besucht Irland

Literatur

Alioth, Martin, *Irland und Europa 2002–2009*, Basel 2009.

Altholz, Josef (Hrsg.), *Selected Documents in Irish History*, London 2000.

Bartlett, Thomas, *Ireland. A History*, Cambridge 2010.

Bartley, Brendan, und Rob Kitchin (Hrsg.), *Understanding Contemporary Ireland*, London 2007.

Bew, Paul, *Ireland. The Politics of Enmity 1789–2006*, Oxford 2007.

Bielenberg, Andy, *Ireland and the Industrial Revolution. The Impact of the Industrial Revolution on Irish Industry, 1801–1922*, London 2009.

Boyce, David George, *Nineteenth-Century Ireland. The Search for Stability*, Dublin 2005.

Brady, Ciaran, *The Hutchinson Encyclopedia of Ireland. An A-Z Guide to its People, Places, History, and Culture*, Oxford 2000.

Breuer, Rolf, *Irland. Eine Einführung in seine Geschichte, Literatur und Kultur*, München 2003.

Bryan, Fanning, *Globalization, Migration and Social Transformation. Ireland in Europe and the World*, Farnham 2011.

Canny, Nicholas, und Brian MacCuarta (Hrsg.), *Reshaping Ireland 1550–1700. Colonization and its Consequences*, Dublin 2011.

Clear, Caitriona, *Social Change and Everyday Life in Ireland 1850–1922*, Manchester 2007.

Connolly, Sean J. (Hrsg.), *The Oxford Companion to Irish History*, Oxford 2007.

Coogan, Tim Pat, *Wherever Green is Worn: The Story of the Irish Diaspora*, London 2000.

Coohill, Joseph, *Ireland. A Short History*, Oxford 2008.

Dixon, Paul, *Northern Ireland. The Politics of War and Peace*, Basingstoke 2008.

Donnelly, James S. (Hrsg.), *Encyclopedia of Irish History and Culture*, London 2004.

Donnelly, James, *The Great Irish Potato Famine*, Stroud 2010.

Duffy, Seán, *The Concise History of Ireland*, Dublin 2000.

Duffy, Seán (Hrsg.), *Medieval Ireland. An Encyclopaedia*, Abingdon/New York 2005.

Elvert, Jürgen, *Geschichte Irlands*, 4. Aufl., München 2003.

Foster, Robert Fitzroy, *Modern Ireland 1600–1972*, New York 2010.

Foster, Robert Fitzroy, *The Oxford History of Ireland*, Oxford 2001.

Geary, Laurence M., und Andrew J. McCarthy (Hrsg.), *Ireland, Australia, and New Zealand. History, Politics, and Culture*, Dublin 2008.

Gillespie, Raymond, *Seventeenth-Century Ireland*, Dublin 2006.

Howe, Stephen, *Ireland and Empire. Colonial Legacies in Irish History and Culture*, Oxford 2000.

Jäger, Helmut, *Irland. Eine geographische Landeskunde*, Darmstadt 1990.

Jordan, Thomas E., *The Quality of Life in Seventeenth-Century Ireland*, Lewiston 2008.
Keogh, Demot, *Twentieth-Century Ireland. Revolution and State Building*, Dublin 2005.
Killeen, Richard, *A Short History of Ireland*, Dublin 2005.
Laffan, Brigid, und Jane O'Mahony, *Ireland and the European Union*, Basingstoke 2008.
Lalor, Brian (Hrsg.), *The Encyclopaedia of Ireland*, London 2004.
Lyons, Pat, *Public Opinion, Politics and Society in Contemporary Ireland*, Dublin 2008.
MacCotter, Paul, *Medieval Ireland. Territorial, Political, and Economic Divisions*, Dublin 2008.
MacRaild, Donald M., *The Irish in Britain, 1800–1914*, Dublin 2006.
Madden, F. J. M., *The History of Ireland*, London 2007.
Martin, Francis Xaviar u. a. (Hrsg.), *New History of Ireland*, 9 Bde., Oxford 2008–2011.
Maurer, Michael, *Kleine Geschichte Irlands*, Stuttgart 2003.
McBride, Ian, *Eighteenth-Century Ireland. The Long Peace*, London 2009.
McCarthy, John P., *Ireland. A Reference Guide from the Renaissance to the Present,* New York 2006.
McGrattan, Cillian, *Northern Ireland 1968–2008. The Politics of Entrenchment*, Basingstoke 2010.
McGuire, James, und James Quinn (Hrsg.), *Dictionary of Irish Biography*, 9 Bde., Cambridge 2009.
McNally, Michael, *Easter Rising 1916: Birth of the Irish Republic*, Oxford 2007.
Miller, Kerby A., *Ireland and Irish America. Culture, Class, and Transatlantic Migration,* Dublin 2008.
Montano, John Patrick, *The Roots of English Colonialism in Ireland*, Cambridge 2011.
Morash, Chris, *A History of the Media in Ireland*, Cambridge 2010.
Noetzel, Thomas, *Geschichte Irlands. Vom Erstarken der englischen Herrschaft bis heute*, Darmstadt 2003.
O'Brien, Dan, *Ireland, Europe and the World. Writings on a New Century*, Dublin 2009.
Otto, Frank, *Der Nordirlandkonflikt. Ursprung, Verlauf, Perspektiven*, München 2010.
Patterson, Henry, *Ireland since 1939. The Persistence of Conflict*, Dublin 2006.
Richter, Michael, *Irland im Mittelalter. Kultur und Geschichte*, Münster 2003.
Smyth, Gerry, *Music in Irish Cultural History*, Dublin 2009.
State, Paul F., *A Brief History of Ireland*, New York 2009.
Valante, Mary, *The Vikings in Ireland. Settlement, Trade and Urbanisation*, Dublin 2008.
Wagenfeld, Christian, *Die Kultureuropäer. Europäisches Bewusstsein und Intellektuelle in Irland*, Frankfurt/Main 2005.
Walker, Brian Mercer, *A Political History of the Two Irelands. From Partition to Peace*, Houndmills 2012.

Personenregister